創造性を育てる学習法

中戸義禮 著

大学教育出版

序

二十一世紀を迎え、多くの識者によってこれからの科学の展開について多様な見解が語られている。それらの中には、二十一世紀の科学を二十世紀の科学の延長として捉え、その将来像を分野や方法論を含めて具体的に論ずる場合が多い。

他方、二十世紀の素粒子研究に指導的役割を果たし、「複雑系の科学」の推進者の一人でもあるゲルマン教授は「二十一世紀の科学が二十世紀の科学の延長線上で捉えられるとは考えにくい」という厳しい見解を述べている。こうした立場に立てば、われわれは今やデカルト以来の現代科学の基礎概念を見直すべき時期に来ていると言えるであろう。

中戸博士の今回の労作は、そうした面から注目すべきいくつかの要素を含んでいるように思われる。その中の中心となる概念は、極めて大雑把にみれば、東洋的な考え方に根ざしており、またマイケル・ポラニイによって独創性との関連が深く追求された「暗黙知」の概念にも通ずるものがあると思われる。こうした考え方が今後大きく発展し、遠く困難な道と考えられるが、新しい基礎科学を支える基本概念の一つとなる日の来ることを期待したい。

二〇〇一年三月

(財)神奈川科学技術アカデミー　理事長　長　倉　三　郎

はじめに

現代ほど創造性、知性、人間性といった能力が重要になった時代もないであろう。近頃では、子供達が落ち着いて学ぶ力を失ってきて、小学校では学級崩壊というようなことが起こっている。大学生も自主性、主体性、勉学意欲、探究心などを失ってきて、大学がカルチャーセンター化する兆候を示している。さらに、昨今の日本では、政治、経済の世界から一般の人々の生活に至るまで、いろいろなところで信じられないような出来事が次々に起こる。こういう状況を見て、今の日本には何か基本的なところで狂いが生じてきたと感じている人も少なくないのではなかろうか。この狂いとは何であろうか。それは創造性、知性、人間性といった能力の低下なのである。

創造性といえば、一般には、偉大な発明や発見をする才能、優れた芸術作品を生み出す才能、あるいは、未踏の領域に踏み込んで新しい世界を切り開いてくる才能というように考えられている。しかし、もう少し詳しく見れば、たとえば偉大な発明や発見をするためには、広く全体を見て、物事の真意を理解し、要点をとらえる眼を持たなければならない。また、新しい可能性をとらえて、夢、目標を持ち、忍耐強く追求する知恵と心を持たなければならない。こういう能力も創造性といえる。

　さらに、もっと身近な生活のレベルで考えるならば、いろいろ創意工夫をこらして、仕事をうまくやる、生活を快適にする、心を豊かにする、人間関係を潤沢にする、といった能力も創造性といえよう。このように見れば、創造性はかなり広い意味を持った言葉であることが分かる。創造性は、知性、自主性、人間性、生きる意欲といった能力と密接に結びついている。

　創造性がどこから出てくるかと考えると、その源は、知性、人間性といったものが出てくる源と同じであることに気がつく。人間は心の内側に「生み出してくる力」「内なる心」「内なる知恵」というようなものを持っていると考えることができる。創造性、知性、人間性といった能力は皆ここから出てくる。この一つのところを育てれば、これらの能力はすべて高まってくるであろう。本書の目的は、この一つのところを育てる方法を明らかにすることである。本書の表題の「創造性」という言葉は、こういういろいろな能力の代表として用いている。

　創造性、知性、人間性といった能力は、本来、人間が生まれながらにして持っているものであろう。しかし同時に、これらの能力は、現実生活の経験を通じて、後天的に大きく伸ばしていくべきものである。現代のように知識や文明が進めば、それにつれてこれらの能力も高まっていかなければならない。知識や文明が進んで、創造性、知性、人間性の育成が遅れると、人間が知識やものの力に負けてしまう。つまり人間が知識やもののあり方（現実世界のあり方）に従属した状態となり、人間本来の力を発揮できなくなってしまう。現代の日本ではこういう傾向が強まってきたといえるのではなかろうか。創造性、知性、人間性といった能力は、現実世界を切り開いていく能力なのである。

　こういう能力は、知識や文明が進んで知識やものの力が強くなったからといって、これらの力から間をおくといった方法では獲得できない。最近の「ゆとりの学習」といった教育方針には、こういう逃げの雰囲気が感じられるが、これではうまくいかないであろう。むしろ逆に知識やものをしっかりと取り入れて、これらを乗り越えるという方法を取らなければならない。つまり、「知識やものを主体的に統御する知恵」を身に付けるというのでなければならない。これによって知識やものが単なる道具、テクニックであることを脱して、活きた知識、活きたものになる。

　しかし、一方、こういう能力は、単なる努力や意志だけでも持つことができない。これまではこの点で誤った考え方がなされてきた。これまでは創造の体験談や優れた人生が紹介されて、様々な教訓が語られ、叱咤激励がなされてきた。たとえば、創造性については、知的好奇心を持て、本質を見抜く眼を持て、よく考えよ、……といったことが言われてきた。知性についても、正確な知識を持て、正しく理解する力を持て、というようなことが言われてきた。もちろんこのように注意を喚起することは大事なことである。しかしこれだけでは、創造性、知性、人間性といった能力は育ってこない。ここにはよく考えてみなければならない問題があるのである。

　人間は、困難にぶつかってから「本質を見抜こう」「よく考えよう」と思ってもそれはできない。しかし、前もって創造性、知性などを持っていれば、困難にぶつかったとき、（取り立ててそうしようと思わなくても）自然に無意識的に「本質を見抜き、よく考える」ようになる。

知的好奇心、本質を見抜く眼、考える力といったもの、また、正確な知識、正しく理解する力といったものは、持とうと思っても、それだけで持てるものではないのである（第1、第2章）。そうであれば、教訓を語り叱咤激励をするというだけでは不十分ということになる。そういう能力はどうすれば持てるかが併せて示されなければならない。しかし、こういうことはこれまでなされてこなかった。大体は右と同じような考え方で、たとえば「知的好奇心」を持つためには、興味を持て、なぜと考えよ、……というようなことが言われてきた。また、正確な知識を持つためには、自主的に学べ、正しく理解せよ、というようなことが言われてきた。しかしこれでは言葉の置き換えがなされているだけである。どうすればそういうことができるかという本当の解答は与えられていない。

仏教哲学に「十二因縁」というものがある。これはすべての存在が因縁によって成り立っていることを説いたものであるが、見方を変えれば、真髄をとらえずに物事を表面的に見ていると、言葉の置き換えがいつまでも続いて堂々めぐりに陥ることを表している。教訓を語り、叱咤激励をするというやり方は、物事を表面的にとらえるやり方だったのである。立派な人生を見て、いろいろ分析し、要点をとらえ、これを真似るというやり方は、物事を外側から見るやり方である。これでは物事の表面しかとらえることができない。我々はこれまで、創造性、知性、人間性といった能力を向上させる本当の解答を持っていなかった。

最近の日本では教育の世界に多くの問題が噴出してきている。このため、教育科目、教育方法、制度などの変更や、教師の意欲・能力についていろいろな論議がなされている。また小中高校から大学に至るまで、種々の教育改革もなされている。これらの多くは、基本的に、知識をしっかりと適正に教えれば問題が解決されるという立場に立ってなされている。もちろん知識をしっかりと教えることは大事なことである。特に最近では「ゆとりの学習」などといって知識の教育が軽く考えられる傾向があるので、この点は一層強調しておかなければならないであろう。しかし知識を教えるだけでは問題は解決しない。今一番問題になっているのは、正確な知識、正しい理解力、つまり、創造性、知性、主体性、人間性といった能力をいかに子供達に身に付けさせるかということである。こういうものは知識を教えるだけでは育ってこないのである。知識を教え（よく学ぶように）叱咤激励をするというやり方も、物事を表面的にとらえるやり方である。これでは、いろいろな改革がなされても、靴の上から痒きを掻くがごときことになる。

本書では、以上のような考えから、創造性、知性、人間性といった能力を向上させる本当の方法を与えることを目的とした。このために「これらの能力が出てくる源」すなわち「内なる心」「内なる知恵」に注目し、これを育てる方法を明らかにすることに主眼を置いた。これまではこれらの能力が外側から考察されてきた。本書ではこれらを内側から考察する。

「内なる心」「内なる知恵」が育てば、創造性、知性、人間性といった能力は自然に向上する。これらの能力はこれまで語られてきたように無理やりの努力をしなくても、もっと自然な形で得ることができるのである。ただし「内なる心」「内なる知恵」というものは意識されないものである。このために、これらを育てる方法には特有の難しさも存在する。

本書の構成は、第1章〜第4章が基礎、第5章〜第7章が応用、第8章がまとめとなっている。大学生諸君には、特に第2、第3章と第5章を読んでほしいと思っている。大学院生諸君にはこのほかに第6章、第7章あたりが興味深いところであろう。本書は体系的な記述になっているが、読者には、興味のあるところから読みはじめて、次に別の興味が出てきたらそこに移るというようにして読み進めてもらえればと思っている。

創造性、知性、人間性という能力の向上に真剣に取り組むためには、まずこれらが今の日本においてどれほど重要になっているかをしっかりと認識しなければならないであろう。これについては後でまとめて述べる機会がないので、少し長くなるがここで要点をまとめておこう。

最初のところで、今の日本には何か基本的なところで狂いが生じてきたと感じられると述べた。人間は「内側から湧き上がってくるもの」(内なる心、内なる知恵)を持てば、これが現実生活の中で鍛えられ磨かれて、知性、品性、見識、人間性というものを持つようになるであろう。しかし、現実世界(知識やもの)の力に圧倒されてこれらに従属し、「内側から湧き上がってくるもの」を失うようになると、何事も外側から表面的に見て、テクニック的に生きるようになるであろう。ここから様々な問題が生じてくる。

人は誰でも自分の能力は自分が一番よく知っていると思っている。しかしこれは必ずしも正しくない。「心の内から湧き上がってくるもの」を持たなければ、自分の能力を十分に発揮することができない。

かつて阪神大震災のおり、それまで惰性的で無気力な生活を送っていた若者が、目の当たりの惨状を見て見違えるようになり、大いに自主的、意欲的に働いたという。これは一例であるが、誰でも夢、目標、可能性などが見えてくると、元気が出てくるものである。こういうものを生み出してくるのが「内なる知恵」である。こういうものを持たないと、真の気力が出てこず、多くの能力が眠ったままになってしまう。ここを目覚めさせれば自分でも驚くほどの力が出てくる。創造性、知性、人間性という能力を育てることは自己変革、自己創造を遂げることなのである。

創造性、知性、人間性という能力の重要性は、これらが低下してきたときの状況を考えると一層はっきりする。こういうものが低下してきても、日々の生活が順調に進んでいけば、何事もなく日は過ぎていくであろう。しかし、こういう状態でひとたび何か思うようにならないようなことが出てくると、一般に事態は急変してくる。

近ごろ大学生の間に、あるとき急に自信をなくして何もできなくなるというケースが増えてきている。こうしてせっかく大学に入ったのに、また十分能力があるのに、途中で落伍してしまうといったことになる。最近ではこういうこともあまり珍しいことではなくなってきた。こういうことを特殊な例と考えるのは間違いであろう。これはむしろ氷山の一角である。こういう例の背後には大きな裾野が広がっている。今は元気な大学生諸君もこのようになる危険性をはらんでいる。創造性、知性、人間性という能力は、知識とは別のものである。それゆえ、どれだけ知識を持っていても、こういうことは起こってくる。

創造性、知性、人間性という能力が低下してくると、社会的にもひどい状況が現出してくる。こういう能力が低下してくると、物事の全体を見ることができず、真意をつかめず、新しい可能性も見えない。このために、往々にして、物事を表面的に見て、目先の利欲に走るといったことになる。こうして物質主義や快楽主義の傾向が強まり、精神、心といったものは地に落ちてくる。さらに、精神、心が廃れると、心の繋がりが薄れ、周りのことに無責任、無関心の風潮も広がってくる。こうなると、社会が単なる「利己的な個人の集合体」となり、社会が根底から揺らいでくる。今の日本の状態を見ていると、いろいろ思いあたるところが多いのである。

創造性、知性、人間性という能力は人間的・社会的なひどい状況を克服するためだけに重要なのではない。今の日本をさらに発展させていくためにも重要である。むしろこちらの方が本命である。ただしこの方面でも今の日本は多くの問題を抱えている。

現代では、よく言われるように、グローバル化、ボーダーレス化が進み、経済をはじめ、様々の分野で、国内的、国際的な競争がますます熾烈になっている。このためにどの企業も必死である。かくて、こういう状況を切り開いていける創造的な人材が強く求められている。たとえば、会社の就職試験などにおいても、創造性、自主性、主体性、意欲といったものがことのほか重要視されるようになったのである。

さらに、もう少し大きな視点から考えるならば、今日のような状況にあって生き残りを得るためには「世界をバックにして、大局的・長期的な構想と戦略を持ち、いつも時機に応じた的確な方針を打ち出す」ことができなければならない。こういうことができなければ、次々に現れてくる問題をいつも後から追いかけ、これらに振り回され、何とか小手先的に処理するといった生き方になる。これでは企業にしろ国にしろ明日の命運が危うくなる。しかし大局的・長期的な構想と戦略を持つことは容易なことではない。こういうことができるためには、相当に高い創造性が必要である。

今や日本も経済的には欧米と肩を並べるまでになり、生活も豊かになった。しかし、その存立基盤を見ると、国土的にも、資源的にも、脆弱である。よく言われるように、頼りになるのは人的資源だけである。しかし、その人的資源にも今や蔭りが見えはじめたといえるのではなかろうか。すでに述べたように、最近の大学生諸君は、総じて勉学意欲を失ってきている。小学校では学級崩壊というようなことが起こっている。子供達だけではない。大人の世界にも大きな問題がある。

日本は、経済は一流、政治は三流といわれる。しかし、その経済界でさえ、ある企業が新しいことをやり始めると他の企業もすぐに真似をするという「横並びの傾向」が強いといわれる。さらに、日本は外圧に弱く、外圧があればすぐ変化するが、自主的な自己変革はできないともいわれる。科学研究にしても、今や欧米に並ぶ高いレベルにあることは間違いないが、真に水準を抜く画期的な研究は少ないといわれる。こういうことを考え合わせると、今の日本には何か重要なものが欠けているように思えてならない。何が欠けているのであろうか。それは「人生に対する真剣さ」「気迫」、すなわち「内なる心」ではなかろうか。

日本は、明治以後、欧米文明を目標に、追いつけ・追い越せの精神でやってきた。特に戦後は、貧苦のどん底から立ち直るために、経済の復興に集中してきた。これによって今の繁栄を得たといえるが、反面、何事にも外国の手本を頼りにして、自分の頭で真剣に根本から考えるということをしなくなった。このために、困難に立ち向かう、構想、戦略を生み出す、新しい価値を生み出す、自己変革を遂げるという内的な活力を失ってきたといえるのではなかろうか。

しばしば今の日本には哲学がないといわれる。一つの国としての主体性やアイデンティティがない、また、世界戦略の中で生きるという明確な視点と決意がないともいわれる。人生に対する気迫を取り戻し、これらの問題を解決するためにも、創造性の向上が必須である。こういうことは創造性なしに知識や施策だけでは解決できないことである。日本は東洋の辺境の地にありながら、世界のトップに並ぶまで発展した潜在力のある国である。少し気を入れて頑張れば今の状況も克服できるであろう。

本書は、できるだけ分かりやすく書いたつもりであるが、新しい考え方を含んでいるために、分かりにくい部分があるかも知れない。しかし、創造性、知性、人間性などを得れば、素晴らしい人生が開けてくる。このことを考えて気を入れて読んでほしいと思う。人生では何事によらず、気合を入れてかからなければうまくいかないのである。本書が読者の人生に少しでも役立つならば筆者としてこの上ない幸いである。

最後に、文化勲章をご受賞の東京大学名誉教授、長倉三郎先生からは、本書の出版にあたり、ご多忙のなか「序文」を賜った。また、筆者の大学の恩師である大阪大学名誉教授、坪村宏先生と同輩である高知工科大学教授、細川隆弘氏には本書の草稿について、数々の貴重なご意見をいただいた。さらに、大学教育出版の佐藤守氏には本書の出版に大変お骨折りいただいた。ここに深く感謝し心よりお礼を申し上げる。

二〇〇一年三月

著者

創造性を育てる学習法

目次

第1章 創造性とはどういう能力か

この章では最初の章として、「創造性とはどういう能力か」また「創造性はどこから出てくるか」について考えよう。同時に、この考察を通じて、知的好奇心、本質を見抜く眼、考える力、……といったもの、また、正確な知識、正しく理解する力、……といったものは、持とうと思うだけでは、持てないことを明らかにしよう。創造性は、単なる努力や意志、また教訓の提示と叱咤激励といった方法では向上させることができないのである。新しい本当の方法を見つけ出さなければならない。ここに本書の出発点がある。

《新しい可能性や新しい問題に気づく》

創造性がどういう能力であるかは、創造的な人がどのような人生を歩むかを見ればすぐ分かる。創造性を持った人は、日頃の生活の中から新しい可能性や新しい問題に気づいてきて、独自の夢、目標を持

図1-1　新しい可能性や新しい問題は不意に気づかれてくる

ち、感動的で充実した人生を歩んでいく。二、三、分かりやすい例を挙げてみよう。

何年か前に作家の司馬遼太郎が亡くなったが、そのおりに生前の言葉がいろいろ新聞やテレビなどで報道された。それによると、司馬遼太郎は第二次世界大戦で日本が敗戦と決まったとき、「日本はどうしてこんなつまらないことをしたのだろう」「こういうことをする日本とは一体何なのだろう」という感慨（問題意識）を持ったという。この感慨が起点となり、原動力となって、その後、数々の小説を生み出した。司馬遼太郎は、第二次世界大戦における敗戦という事実を契機にして、現代の日本の抱える重要な問題を鋭く感じ取ったのである。ここから独自の人生が開けてきた。

似たような話として、松下幸之助の水道哲学というものがある。松下幸之助は司馬遼太郎より少し前に亡くなったが、このおりにも生前の言葉がいろいろ報道された。この中に次のような話があった。戦前のある頃、たまたま田舎に行って、喉が渇いてきたので、農家に立ち寄り、水道の水を恵んでもらった。そのとき、水道の水が水道口からザアーと豊富に流れ出るのを見て、「今は物資がなくて皆が困っているが、この水道の水のように、誰でも自由に物資が手に入るような世の中にしなくてはだめだ」という感慨を持ったという。この感慨をもとに、その後努力を続け、よく知られるように、一大企業を興した。松下幸之助は、水道の水がザアーと豊富に流れ出るのを見て、「物資が豊富に流通する」という新しい可能性の世界を直覚したのである。

もう一つ科学研究の例を見てみよう。アインシュタインの一般相対性理論は深遠な理論として知られるが、この理論は「質量とは何か」に不審を感じてきたことから生まれたといわれている。質量には万有引力の式に入っている重力質量と、ニュートンの運動方程式に入っている慣性質量とがある。惑星の運動などを考えるときには、このように意味の異なった質量が同じ式に入ってくる。アインシュタインはここに腑に落ちないものを感じた。ここから一般相対性理論が生まれた。

これらの例から、創造性を持つと日頃のちょっとしたことから大きな可能性に気づいてくることがよく分かるであろう。新しい可能性とか新しい問題といったものは、この世の中に一杯詰まっている。しかし、こういうものは「誰にでも見えるもの」としてあるのではない。見える人にだけ見えてくる。こういうものが見える眼を持つことが、創造性を持つということである。こういう眼を持つかどうかで人生は大きく変わってくる。

この世の中に創造があることによって人生はすこぶる面白いものになる。将来、思いも及ばないような新しい可能性や新しい問題に気づいていきて、大きな人生を切り開いていくとすれば、これから先自分の人生がどのように展開していくかは予想もつかないことになるからである。人生とは今の延長線上にあるのではない。波乱万丈の経過をたどるものである。人は皆それぞれ自分の人生を持っている。この人生をどれだけ充実させられるかは、ひとえに、どれだけ創造性を持っているかにかかっている。

《知識を活用する知恵》

創造性はもう少し違った形で言い表すこともできる。あるプロ野球の監督が次のようなことを話していた。

「私の野球はデータ野球といわれるが、大切なのはデータ自身ではなくて、それをどのように使うかという知恵である。データだけならどこの監督でも集めている。そのデータをどのように使うかというところに監督の差が出てくる。」

この話で「データをどのように使うかという知恵」とは創造性のことである。このように考えると創造性がずっと身近に感じられてくるであろう。

知識や情報（データ）は人生において大切なものである。これによって、視野が広がり、生活の幅が広がる。しかし、こういう知識や情報の背後には、これらを「全体的にまとめて活用していく知恵」があることを知らなければならない。こういう知恵を持ってはじめて、収集した知識や情報が活きてくる。こういう知恵を持たなければ、どれだけ多くの知識や情報を集めても、結局は、宝の持ち腐れになってしまう。

大学生諸君などは「大学とはいろいろな専門知識を学んで、それを将来に役立てていくところ」と安易に考えているかも知れない。しかし、少し考えれば分かるように、習い覚えただけの専門知識とは、右にいう「集めただけの知識や情報」と同じである。こういう知識では現実社会では大したことは何もできないのである。習い覚えただけの知識では、習い覚えたことを習い覚えたとおりにする、つまり、先例のとおりにする、真似をするということしかできない。

大学でやるべきことは、活きた知識(知恵の付随した知識)を得ることでなければならない。たとえば、「刻々と変化する複雑な状況の中で何が大切かを見極める」「困難を打開する」「新しい局面を切り開く」といったことを可能にするような知識を得るのでなくてはならない。こういう活きた知識を得れば、どんな困難に直面しても、何とか状況を打開していく方策を見つけを出すことができる。つまり、真の実力(生きる力)を得る。これからの時代には、こういう能力が是非とも必要なのである。専門知識を習い覚えるだけでは、どれほど高度なことを習っても、こういう能力は出てこない。

≪創造的な能力≫

さて、以上のように考えてくると、創造性を持つためにはどのような能力が必要であるかがおおよそ分かってくる。実際に、これまでいろいろな創造の体験談をもとに、どういう能力が必要であるかが教訓として種々語られてきた。以下に主なものを列挙してみよう。

夢、目標を持て　深い問題意識を持て　広い視野を持て
大きい構想を持て　開拓的、冒険的精神を持て　本質を見抜く眼を持て
流行に流されるな　在野精神を持て　使命感を持て
孤独に耐えよ　困難を避けるな　あくなき情熱を持て
知的好奇心を持て　興味、関心を持て　探究心を持て
鋭い観察力を持て　徹底的に考えよ　とらわれるな
柔軟な頭を持て

これから、創造性を持つためには、非常に多くの能力を持たなければならないことが分かる。実際に、高い創造性を持った人は、こういう能力をすべて持っている。そして、時機に応じてこれらを現してくる。こういう事実を見てどういう感じがするであろうか。まずは、こんなにたくさんの能力を果たして持てるのだろうかという不安がよぎる。それと同時に、創造性を持てばこういう能力がすべて出てくるのであるとすれば、これらの能力は互いに独立にあるのではなくて、どこか一つのところから出てきていると思われてくる。この「一つのところ」が何であるかを明らかにし、これを育てればよいのではなかろうか。

≪ 意識を導くもの ≫

ここで視点を変えて創造性と知識の関係について考えてみよう。先に、創造性とは「データをどのよ

うに使うかという知恵」であると述べた。つまり、創造性とは「個々の知識を全体的にまとめて活用していく知恵」である。

このように考えれば、知識と創造性とが全く別次元の存在であることがよく分かる。個々の知識は考えの材料になっているに過ぎない。考えそのものを推し進めているのは創造性である。

さらに、このように考えると、創造性が意識的に、単なる努力や意志だけでは得られないこともはっきりしてくる。意識が創造性をコントロールしているのではなくて、創造性が意識をコントロールしているのである。この点を一層はっきりさせるために、知識（あるいは意識）と創造性との関係についてもっと詳しく考えてみよう。

《意識されない知恵、内なる知恵》

前に司馬遼太郎や松下幸之助の例を挙げ、これらの人達はそれぞれの感慨を日常生活の中で不意に気づいてきたと述べた。不意に気づいてくるということは、こういう感慨が「意識されないところ」（意識の内側）から出てくるということである。創造性とは「個々の知識をまとめて活用していく知恵」であるが、この知恵は「意識されないところ」（意識の内側）にある。すなわち創造性とは「内なる知恵」である。

しばしば「創造的な発想がどうして出てくるか」といったことがいろいろ説明される。たとえば司馬遼太郎が敗戦を契機にハッと気づいてきたのは、新聞記者をしていて社会的なことに関心があったから

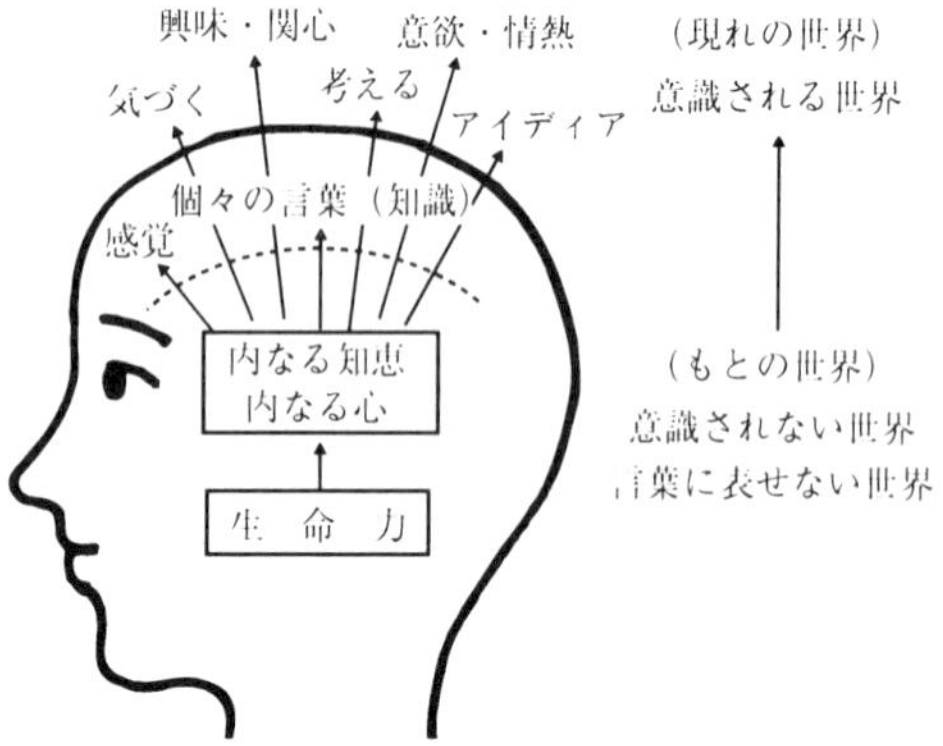

図1-2　創造性、知性、主体性は「内なる知恵」から出てくる

だろうとか、松下幸之助が豊富な水の流れを見てハッと気づいてきたのは、若い頃丁稚奉公というような苦労をしてきたからだろうというように説明される。そして、こういう説明から「社会的なことに関心を持て」「若い頃に苦労せよ」といった教訓が導かれる。先に挙げた教訓はみな大体このようにして導かれてきたものである。

もちろんこのような教訓は重要なものである。これらは物事の要点をとらえている。しかし「どうして、ハッと気づいてきたのか」というようなことは、本当のところは、誰にも分からない。当の本人にも分からない。こういうものはどこからともなく不意に現れてくる。いくら説明があっても、新しい発想というようなものは、しようと思ってできることではない。創造性とは言葉ではとらえきれないものである。

同じようなことは、興味、関心、意欲といった創造的な心についてもいえる。たとえば「面白い」といった気持ちは、日頃の生活の中で「ふっ」と出てくる。こういうものは、意識的に持とうと思って持つものではない。また、意識的に持とうと思って持てるものでもない。アインシュタインは次のように述べている。

「人は自分がしたいと思うことをすることができる。しかし、人は自分が何をしたいのかを自由に決定することができない。」

アインシュタイン自身、自分がどうして「質量とは何か」に不審を感じてきたのかを理解することができなかったのであろう。

少し前に有名な映画監督である黒沢明が亡くなった。この時にも生前の言葉がいろいろ報道された。そのなかで黒沢明は次のようなことを語っていた。

「私は映画を作るとき、努力しようと思ったことは一度もない。映画が面白くてしようがないから、自然に一生懸命にやってしまう。」

この言葉も、興味、関心、意欲といったものが「心の内側」（意識の内側）から出てくるものだということをはっきりと示している。

《言葉で表せない能力》

創造性が「内なる知恵」としてあることは以下のように考えるともっとはっきりする。先に、新しい可能性や新しい問題は不意に気づかれてくると述べた。しかし、こういうものは全く偶然に気づかれてくるのではない。

司馬遼太郎も松下幸之助も、それぞれ何かを感じとった後に、これをさらに深く徹底的に追及していった。新しい可能性や新しい問題に自分で気づいてきたときには、このように、これをさらに深く徹底的に追求していく意欲と能力が出てくる。これは、こういうときには、その背後にそのもとになる「内なる知恵」があるからだといえる。むしろ、このような「内なる知恵」があったからこそ、新しい可能性や新しい問題に気づいてこられたのである。新しい可能性や新しい問題は不意に気づかれてくるが、「内なる知恵」があってはじめて気づかれてくるのである。

話によると、司馬遼太郎も松下幸之助も、それぞれの感慨を得たあとでこの体験を周りの人々に説いて聞かせたという。しかし、周りの人々は（一部の人を除いて）、こういう体験を聞いても司馬遼太郎や松下幸之助と同じような人生を歩むことができなかった。つまり周りの人々は、こういう体験を聞いてもその真意を理解できなかった。このためにこれをさらに深く追求していくことができなかった。アインシュタインの一般相対性理論に至っては、これを理論として完成させ論文として発表してからも、なおその真意は周りの専門の研究者からさえも（ごく少数の人を除いて）長い間理解されなかったという。

これは創造性というものが、それ自身を言葉に表して伝えられないものだということをはっきりと示している。言葉に表して伝えられないとは「内なる知恵」ということである。「内なる知恵」は（意欲、能力のもととして）確かに存在しているのである。しかし、それは言葉では直接に言い表すことができないのである。

《 頭で理解できない能力 》

これに関連してソニーの名誉会長であった井深大が面白いことを述べている（学術月報）。これは文化勲章を受賞したおりに書かれたそれまでの人生の回想である。

「私がソニーでやってきたことは、いつも世の中の常識にとらわれないことを主眼にしたということである。テープレコーダを作ったとき、人の声を取って何にするんだといわれたし、トランジスタラジオを出したときは、ラジオというものは家の床の間近くに置くもので持ち歩くものではないというのが世評だった。トリニトロンカラーテレビのときは、独自のものが開発できるわけがない、他社のように早く外国から技術を買ったら、だった。第一、名前からして、東京通信工業というよい名があるのに、どうしてソニーなどと訳の分からないカタカナ社名に変えるのかと冷やかされたものである。」

創造性を持たない人は、創造的な人の考えに対して「そんなことをして何になる」「そんなことができるわけがない」といった言い方をする。創造性を持たない人は、創造ができないだけでなく、（無意識のうちに）創造的な人の足を引っ張る。知識とは違って、創造性の場合には、こういう恐ろしいことが起こる。

この話からも、高い創造性というものが一般の人々にはなかなか理解できないものだということがよく分かるであろう。創造性というものは頭では理解できないものである。頭で理解できないということも「内なる知恵」ということである。

《創造性のもとと創造性の現れ》

以上で、創造性が「内なる知恵」としてあることがはっきりしたであろう。創造性とは、言葉では表されない知恵、頭では理解できない知恵、意識されない知恵、意識的にコントロールできない知恵なのである。このために単なる努力や意志だけでは持つことができない。また叱咤激励だけでは育ってこない。これに対して、知識は、意識できるもの、言葉で表せるものである。また、意識的に持とうと思えば、持てるものである。知識と創造性とは全く別のものである。

創造性は二重構造を持っている。つまり、創造性には「創造性のもと」と「創造性の現れ」がある。すぐ分かるように、新しい可能性や新しい問題に気づいてくる、深く追求していく知恵と能力を持つ、といった個々の創造的能力は、創造性を得た人が持つ能力、つまり、創造性の現れを表している。これに対して、右に述べた「内なる知恵」とは、「創造性のもと」（創造的能力が出てくる源、創造性そのもの、創造性の本体）である。創造性の現れは知識と同じように意識することができる。しかし「創造性のもと」は意識されないのである。

これまでは「創造性の現れ」が注目され、こういうものの出てくる原因が（外側から）いろいろ考察されてきた。そして、これをもとに、あれをしろ、これをしろ、といった教訓が語られ叱咤激励がなされてきた。しかし「創造性のもと」を得ずに、創造性の現れだけを真似しようとしても、それは無理な話なのである。これまで語られてきた創造の教訓は、創造性を得るための目標にはなっても、それを得るための方法にはならないのである。創造性を向上させようと思うならば、「創造性のもと」（内なる知恵）に注目し、これを育てる工夫をしなければならない。これについては第2章で述べる。

《 生滅の世界と内なる理法 》

右に述べたことは大事なのでもう少し考えておこう。これまでは「創造性のもと」というものは考えられてこなかった。これはおそらく「創造性のもと」が意識されないものであったからであろう。このために見逃された。しかしこのために創造性のとらえ方が皮相的になってしまった。

これまでの考え方の限界は、物事の因果関係が目に見えるもの（意識されるもの）だけを頼りに横方向にとらえられてきたことにある。ある事柄が起これば、これが原因になって別の事柄が起こり、さらにこれが原因になってまた別の事柄が起こるというようにとらえられてきた。実をいうと、これが言葉によるとらえ方、すなわち、科学的なとらえ方なのである。科学の発達した社会に生きる我々はこういう考え方に慣れ親しんでいる。このために知らぬ間にこういう考え方をしてしまう。

しかし、この世の中の事柄というものは、よく見ると、生滅の過程の連なりとしてある。我々の嬉しい、楽しい、苦しい、悲しいといった心も、不意に生じてきて、不意に消えていく。あれこれの考えも、不意に生じてきて、不意に消えていく。我々の生命も、どこからともなく生じてきて、どこへともなく消えていく。現代の科学は微視的な世界もこのような生滅の過程の連なり（不連続的な量子力学的遷移の過程の連なり）としてあることを明らかにしている。言葉でとらえるということは、こういう生滅の過程の中で「外に現れてきた部分」（意識できる部分）だけをとらえて、これらを外的に繋ぎ合わせていくことである。それゆえに、こういうやり方を外面的、皮相的という。これでは世界の真髄（世界の源、本体）をとらえることはできない。

　この世の中の事柄が生滅の過程の連なりとしてあるならば、この生滅をつかさどっている「内なる力」「内なる理法」「内なる知恵」があるはずである。先に述べた「創造性のもと」とは、この「内なる理法」のことである。我々は（無意識のうちに）この「内なる理法」に導かれて生きている。我々が（無意識のうちに）喜んだり悲しんだりするのは、この「内なる理法」に導かれているからである。高い創造性を得るということは、この「内なる理法」を広く深く身に付けることである。

　創造性を正しくとらえるためには、この世界が、「内なる理法とその現れ」というように、二重構造を持つと見なければならない。意識できることだけを見て横方向にとらえるのでなく、生滅の過程の連なりとして（意識できない内在的な世界も含めて）立体的にとらえなければならない。

　もちろん我々は、「内なる理法」「内なる知恵」といったものを意識することができない。我々には感覚、言葉などがあるだけである。しかし、意識できないということは、存在しないということではない。我々は言葉や物事の背後に「内なる世界」「内なる理法」があることを前提にして物事を考えていかなければならない。これまでは、この「内なる世界」が見逃されてきた。このために多くの混乱と誤りが生じた（第2、第3章）。

《不思議な能力》

創造性にはもう一つ大きな特長がある。それは創造性が不思議な能力であるということである。不思議とは、意識的に理解できない、意識的な力が及ばないということである。創造性とは「意識的な力を超えた能力」なのである。創造性がこういう能力であるとすれば、これが「意識的に持とうと思っても持てない」ことになるのは当然のことである。また、創造性がこういう能力であるとすれば、これが「意識される世界」の中にないことも明らかである。つまり創造性（創造性の本体）は「意識されないところ」にある。

創造性が不思議な能力であることは、いろいろな例によって示すことができる。まず、新しい可能性や新しい問題に気づいてくるという能力は、不思議な能力である。新しいとは、それまでは知られていなかった、つまり、未知であった、ということである。それゆえ、新しい可能性や新しい問題に気づいてくるということは、未知に気づく、すなわち、未知を知る、ということになる。しかし、こういうことは、論理的には、自己矛盾であり、有り得ないことである。未知とは、知られていないから、未知なのだからである。

昔から「コロンブスの卵」の喩えがある。誰かが気づいてきたものを理解することは容易である。「なんだ、そんなことか」といった具合になる。しかし、まだ誰も気づいていないときに、新しいものに気づいてくるということは非常に難しい。この能力にはいわば理屈を超えたところがある。こういうことを可能にしてくるのが創造性である。また、こういうことができるところに創造性の最大の価値がある。

《無から有を生み出す》

右に述べたことは次のように考えることもできる。新しい可能性や新しい問題に気づいてくるということは、何もないところから何かを感じとってくるということである。つまり、無から有を生み出してくる。もともと創造とはそれまで無かったものを生み出してくることである。こういうことを可能にするのが創造性である。無から有を生み出すとは不思議な能力である。

この世の中には今あるものだけがあるのではない。今は無いと見えるところにも、将来、何かが生まれてくるかも知れない。無から有が生じると考えると広大なロマンが広がる。もし、この世の中に創造性が無く、この世界の歴史が単なる繰り返しに過ぎないのであるならば、我々の人生はまことに空しいものになってしまう。この意味でも創造性は重要にしてかつ尊い能力なのである。

《知識を超えて働く》

創造性が不思議な（意識的な力を超えた）能力であることは、次のように考えても分かる。創造とは、既存の知識やものを超えて、新しいものを生み出してくることである。かくて創造性は、既存の知識やものを超えようとする働きを持つことになる。創造性とは、いろいろな知識をまとめて活用していく知恵であるが、さらに、こういう知識を超えていこうとする働きを持つ。

前に、知識を取り入れるだけでは創造性は向上してこないと述べた。右のように考えると、知識ばかりを取り入れていると、創造性は向上しないどころか、かえって低下していくということになる。知識ばかりを取り入れていると、右に述べたような創造性の「知識を超えていこう」とする働きを押し殺してしまうからである。

≪やらずにはおられない≫

創造性が不思議な能力であることは、新しい可能性や新しい問題に気づいてきて、これを追求していくという過程を見ても分かる。日本で最初のノーベル賞を受賞した湯川秀樹が中間子論を発見するまでの心境を綴った「旅人」と題する自伝がある。この中で、中間子論の考えを思いつく直前の状況を記したところに次のような言葉がある。

「私は京大を辞めて、阪大の専任講師になった。そして、新学期から、私のあまり得意でない電磁気学の講義を始めることになった。しかし、私の頭の中は、相変らず核力の問題で一杯であった。」

「昼間勉強している間には、なかなか面白い考えは浮かんでこない。ところが、夜、寝床に入って横になると、様々なアイディアが浮かんでくる。それは数式の羅列に妨げられずに、自由に成長していく。そのうちに疲れて寝てしまう。あくる朝になって、昨夜考えたことを思い返して見ると、実につまらないことである。私の期待は、悪夢のように、朝の光とともに消え去っていく。こんなことが何度繰り返されたか知れない。」

このような言葉を見ると、湯川秀樹が、中間子論の考えを思いつく前に、核力の問題にとりつかれたようになって、あるいは、考えずにはおられないという心境になって、あれこれと考え続けたことがよく分かる。

思うに、「考えずにおられない」と思っているときの人の心とは、不思議なものである。こういうときには、難しい問題があって、なかなか解決できないという苦境にありながら、同時に、これに心が強く引きつけられて、考えを止めるわけにはいかないという心境にもあるからである。こういうことは意識的にできることではない。

大きい創造をするような人（高い創造性を持った人）が信じられないような努力をするのは、そうしなければばならないと思ってそうするのではなく、そうせずにはおられなくなるからそうするのである。本当の努力というものは、意志の力によってなされるのではない。意志の力による努力にはおのずから限界がある。あまりに無理やりに努力を強いると気が変になってしまう。ところが、創造性を得ると、自然に、信じられないような努力をする。しかも、こういう努力こそが有効である。

《面白くて仕方がない》

もう一つ別の例を挙げてみよう。松下幸之助の水道哲学についてはすでに述べたが、氏が亡くなった時に次のような話が新聞に載っていた。これは松下幸之助と長く交際のあった人の回想である。

「ご本人（松下氏）は大変気さくな人柄で、昭和五十九年の秋にお訪ねしたとき、お互いの創業時代の苦労話に花が咲きました。わきで社員が『大変だったんですね』と相づちを打ったら、『冗談じゃない、毎日が楽しくて仕方がなかったんだよ』と答えておられました。ああいう気持ち、サラリーマンには分からないんでしょう。」

これから（創造性をもち、新しい可能性を感じ取って）苦労し努力することは、決して苦ではない、むしろ、楽しくて仕方がないものだということが分かる。同じような話はいろいろな人から多く聞かれる。しかし、この「苦しいけれども、楽しい」というのも不思議な心である。こういうことも意識的にできることではない。

以上の例から、人は創造性を得ると、意志によってではなく、「内なる心」「内なる知恵」に導かれるようにして生きることがよく分かるであろう。「内なる心」「内なる知恵」は、新しい可能性を生み出し人の心を引きつけて、「難しいが、しないではおられない」という心境にしてくるが、同時に、大きな喜びを引き起こして、「苦しいけれど、面白くて仕方がない」という心境にもしてくる。こうして信じられないような努力が生まれ、充実と歓喜が生まれてくる。

第2章 創造性はどうすれば得られるか

この章では創造性はどうすれば得られるかを考えよう。第1章で創造性は「内なる知恵」「意識されない知恵」から出てくることを明らかにした。そうであれば、創造性を得るためには、この「内なる知恵」を大きく育てる方法を見つけ出さなければならない。つまり「意識されない世界」とうまく交流する方法を見つけ出さなければならない。

2・1 言葉だけの理解から自在の理解へ

≪本書の考え方≫

まず本書の結論を述べよう。創造性を得ようと思うならば、言葉だけの理解を超えて、自在の理解を得なければならない。自在の理解を得れば、創造性のもと（内なる知恵）が得られ、知的好奇心を持つ、本質を見抜く眼を持つ、よく考える、……といった個々の創造的能力はすべて時機に応じて自然に出てくる。自在の理解を得ることこそは、「意識されない世界」とうまく交流する方法であり、「内なる知恵」を育てる方法であり、創造性を向上させる方法なのである。

　そこで、この章では、自在の理解とはどういうものか、こういう理解はどうすれば得られるか、さらに、こういう理解を得ればどうして創造性が出てくるのか、を考えよう。

　本書では、「はじめに」で強調したように、創造性が出てくる源（創造性のもと、内なる知恵）に注目し、これを育てる方法を明らかにすることに主眼を置く。したがって、これまでのように偉大な創造の体験談を例にとって、ここから数々の教訓を引き出すといったことはしない。逆に最も身近で分かりやすい例を取り上げて考察を進める。「内なる知恵」を明らかにするためには、初歩的な例を考えるのが一番なのである（第3章）。

≪三つの理解の仕方≫

　まず人間の理解がどのように進むかを考えよう。これまでは人間の理解には次のような二つの段階があると考えられてきた。

　一、初歩的な理解（感覚的な理解）――（言葉によらないで、あるいは、言葉の意味をしっかりと理解しないで）感覚的にパッとつかむ

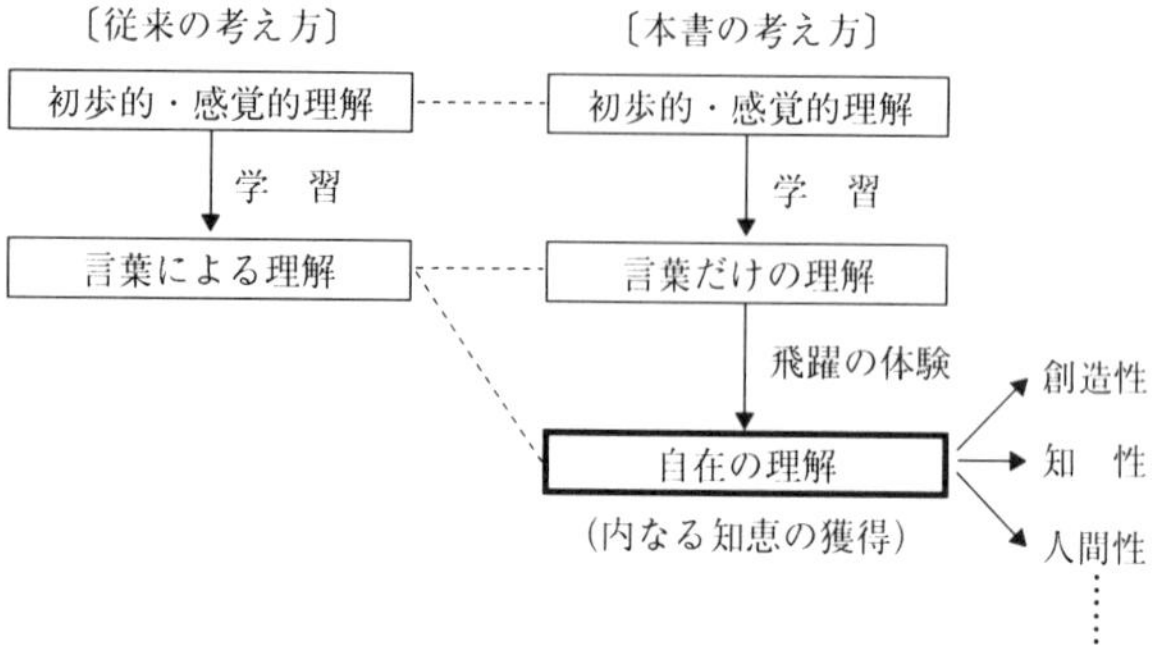

図2-1　人間の理解の進み方

二、言葉による理解（意識的な理解、理論的な理解、科学的な理解）―言葉（概念、数式、論理）によって明確に物事のあり方をつかむ

初歩的・感覚的な理解から言葉による理解に進むことは、人間の理解の大きな進展である。言葉（概念、数式、論理）によって明確に物事のあり方をつかむことによって、我々は確固とした認識を得ることができ、確固とした判断を下すことができる。歴史的に見ても、言葉による理解の発展によって今日の科学技術文明がもたらされた。これを見ても言葉による理解の重要性が分かる。

ただし本書では、この「言葉による理解」はさらに二つに分けられると考える。これまで言葉による理解として考えられてきたものには、狭い意味の「言葉による理解」（言葉だけの理解）と「自在の理解」（言葉を超えた理解）とが混合して含まれている。これらを分けて考える必要がある。したがって、本書では人間の理解には次のような三つの段階があると考える。

一、初歩的な理解（感覚的な理解）

二、言葉による理解（言葉だけの理解、論理だけの理解）

三、自在の理解（言葉を超えた理解、活きた言葉による理解、活きた論理による理解）

本書の趣旨は「知識を学習し、言葉（概念、数式、論理）によって物事を明確に理解するようになっても、そこに留まっていてはいけない。さらに進んで、自在の理解を得なければならない。ここに至ってはじめて創造性が出てくる」ということである。話を分かりやすくするために、言葉だけの理解と自在の理解の特長を次にまとめてみよう。

◎言葉による理解（言葉だけの理解、論理だけの理解）

・言葉によって一つ一つ理解する

・論理（理屈）によって一つ一つ逐次的に考える

◎自在の理解（言葉を超えた理解、活きた言葉による理解、活きた論理による理解）

・いろいろな事柄を全体的に自在に考えられる

・いろいろな事柄に同時に意識が働く

・いろいろな事柄を全体的に隅々まですっきりと理解する

・いろいろな事柄を全体的に直覚的なイメージでとらえられる

・真の納得（すっきりした心、確固としたもの）を得る

・真髄をつかむ、真意を理解する

自在の理解が言葉を超えた理解になっていることは、簡単には、次のように考えれば分かる。自在の理解を得ると、言葉によって一つ一つ理解するのではなくて（そういう状態を超えて）、いろいろな事

柄を全体的に自在に理解する。

自在の理解（言葉を超えた理解）を得るということは、決して、言葉の役割を否定するものではない。人間は、いつも言葉によって知り、言葉によって考えている。自在の理解を得ても、やはり言葉によって知り、言葉によって考えている。ただし、自在の理解を得ると、全体をすっきりと理解した上で、個々の言葉を考えられるようになる。このために言葉や論理が活きてくる。すなわち、自在の理解を得ると、言葉の質が向上して、言葉の意味は下がるどころか、逆に高まるのである。これによってはじめて、正確な知識を持つ、正しく理解する力を持つ、考える力を持つ、……といったことができるようになる。

第一の段階の初歩的・感覚的な理解と、第三の段階の自在の理解とは似ているように見えるが、似て非なるものである。

《言葉だけの理解》

言葉による理解（言葉だけの理解）と自在の理解の違いをはっきりさせるために、知識の学習を例にして、これらをもっと詳しく考えてみよう。

たとえば大学では、講義を聞き、教科書や参考書を読むことによって学んでいく。こういうとき、しばしば、分からないことや疑問に思うことが出てくる。こういう場合、普通は自分で少し考えてみて、それでも分からなければ、誰か他の人に聞いたり、参考書を見たりして答えを得る。こういう学習では、言葉だけの理解しか得られない。あるいは、こういう受身的な学習では、言葉だけの理解さえも得られないかも知れない。ごく初歩的・感覚的な理解しか得られない。

もっと真面目によく理解しようと努力して、教科書もよく読み、参考書などもいろいろ見て、自分の頭でよく考えて、全体的に系統立てて論理的に理解したとしてみよう。これによってはじめて言葉による理解（言葉だけの理解）を得る。

多くの学生諸君は、真面目な学生諸君でも、大体はこの辺を学習の目標にしているのではなかろうか。しかし、この段階ではまだ自在の理解（言葉を超えた理解）は得られていない。つまり、この段階ではまだ創造性は得られていない。もう一歩高まらなければならない。

《自在の理解、言葉を超えた理解》

それでは自在の理解はどうすれば得られるのであろうか。教科書や参考書をよく読み、自分の頭でよく考えて、系統立てて論理的に理解したとしても、まだなお「どうもすっきりしない」という気持ちが残るときがある。たとえば、熱力学を学んだ場合には、エントロピーとはどういうものかがどうもすっきりしない、自由エネルギーとはどういうものかがどうもすっきりしない、といった気持ちが残ってくる。量子力学を学んだときには、シュレーディンガー方程式とはどういうものかがどうもすっきりしないといった気持ちが残ってくる。一般に、どういうところにすっきりしないものを感じてくるかは人によって違うであろうが、こういうことはしばしば起こってくる。

こうなると、だんだん頭が新しい知識を受け付けなくなり、授業が上の空になってくる。そこで一旦立ち止まって、もう一度はじめから考え直してみるということをする。教科書や参考書を見直し、他人に相談したりしながら、あれこれと考えていく。このようにすると、かえってますます問題が複雑になり、煩悶に陥るといったことになるかも知れない。あれこれ考えていくと、知識がますます増えてきて、「よく分からない」と思うところも次々に出てくるからである。しかし、一方では「もう少し考えれば何とか分かるかも知れない」といった気持ちも出てくるので、さらにあれこれと考えていく。このようにしていると、あるとき不意に「あっ、そうか、なるほど、分かった」というところに至る。こういうところに至ると、頭がすっきりして、えもいわれぬ喜びが心の内から湧き上がってくる。そして、元気が出てきて、再び新しい知識を受け入れられるようになる。

　こういうことは誰でも一度ならず経験したことがあるであろう。自在の理解は大体このようにして得られてくる。「あっ、そうか、なるほど、分かった」というところに至ったときに、我々は自在の理解を得るのである。頭がすっきりするということは、いろいろな事柄を全体的に自在に考えられるようになったということだからである。「すっきりしないところが出てきて、あれこれ考えていくと、煩悶に陥り、さらに考えていくと、急に頭がすっきりするところに至る」というのは、考えてみると不思議なことである。しかし、こういうことは我々が日常しばしば経験する事実である。

「あっ、そうか。なるほど、分かった」というところに至るというのは、それまで分からなくて困っていた個々の問題に（ハッとひらめいて）答えを得るということではない。これでは、分からないところを他の人に聞いて答えを得るというのと本質的にあまり変わらない。そうではなくて、「理屈では分かっているのだが、全体的に何だかすっきりしない」というものを感じてきて、これを克服して「全体が（隅々に至るまで）すっきりと分かる」ところに至るということである。自在の理解（言葉を越えた理解）を得るためには、理屈で分かる（頭で分かる、辻褄が合う、解釈できる、説明できる）というところから、さらにもう一段理解が深まらなければならないのである。

右の例を見ると、言葉や数式だけでは十分な理解が得られていないことがよく分かる。「すっきりしない」という気持ちが出てくると、それまではよく分かったと思っていた初歩的なことから考え直さねばならなくなる。これはそれまで（ふむふむと）よく分かった気持ちになっていたのは本当ではなかったことを示している。本当はまだよく分かっていなかったのである。「すっきりしない」という気持ちが出てくることは、それまで気づいていなかった「言葉だけの理解の限界」に気づいてきたということである。このように言葉だけの理解の限界に気づいてきて、これを突破したとき、自在の理解が得られる。

右の例から、自在の理解は、言葉による理解（言葉だけの理解）をしっかりと得た上ではじめて得られてくるものだということもよく分かる。言葉による理解をしっかり得てはじめて、全体的にすっきりしないものを感じてくることができるからである。

一般に、物事の理解は一筋縄ではいかないものである。分かったと思っては、分からなくなり、また、分かったと思っては、分からなくなる。その度にはじめに戻って考え直す。こういうことを繰り返して、はじめて、広く深い理解が得られる。これが本当の学習である。こういう学習をすれば高い創造性が得られてくる。

2・2　自在の理解と内なる知恵

《速い理解、遅い理解》

自在の理解がどういうものかが大体分かったところで、次に、こういう理解を得るとどういう能力が身に付いてくるかを考えよう。これによって、どうして自在の理解を得る必要があるのかの意味がよく分かり、これを得る意欲も増してくるであろう。

まず、自在の理解を得ると頭がすっきりして、全体が隅々に至るまですっきりと分かるようになる。こうして思考が縦横無尽に働き、物事の理解が非常に速くなる。「打てば響く」というようになる。何事を聞かれてもすぐに答えが出てくる。

言葉だけの理解では、こういうことはできない。こういうときには思考が遅々として進まない。たとえば次のようなことを経験したことがある。大学の学生実験の時間に、ある学生にその実験の基礎理論について質問したときのことである。特に難しい問題ではない。ところがなかなか答えられない。そこでヒントを出してあげる。まだ答えられない。とうとう答えを言ってしまう。すると、その学生は「ああ、それなら知っていました」という。知っていて、どうして答えられないのか。言葉だけの理解では、知っていることを聞かれても、なかなか答えが出てこないのである。

これは極端な例といえるかもしれない。しかし、言葉だけの理解では、たとえ教科書や参考書をよく読み、自分の頭でよく考えて、系統立てて論理的に理解していたとしても、これに類したことが起こる。これは言葉だけの理解の特徴といえる。

《迷路の喩え》

どうして、こういうことになるのであろうか。これは次のような喩えで考えるとよく分かる。言葉だけの理解とは、いわば、遊園地の「迷路」のようなものである。迷路では入口と出口とがあって、これらが多くの通路で繋がれている。それゆえ、原理的には、この通路をたどっていけば、入口から入って、出口に出ることができる。しかし実際に迷路の中に入ってみると、通路の横には高い壁があるので、目の前の一つか二つの通路しか見えない。全体が見えない。このために出口を求めて、あちらに行ったり、こちらに行ったりしなければならなくなる。こうしてなかなか出口に到達できない。

言葉だけの理解で考えるときにも、これと同じような状態になる。言葉だけの理解でも、いろいろな知識が論理（理屈、関係）で繋がれている。それゆえ、原理的には、この論理をたどっていけば、答えに到達することができる。しかし、言葉だけの理解では、物事を個々の言葉ないしは個々の論理で知っているだけである。このために、こういう理解で考えるときには、どうしても、一つ一つ論理にしたがって個々の知識をたどっていかなければならない。この様子は、ちょうど、一つ一つ目の前の通路にしたがって迷路をたどっていくというのと同じである。かくて、こういう理解で考えると、考えがあっちに行ったり、こっちに行ったりしなければならなくなる。こうして、なかなか答えが出てこない。言葉とは個別的なものである。このために、どうしてもこういうことになる。

自在の理解を得たときには、同じ迷路でも、迷路の壁をすべて取り払ったような状態になる。このようになれば、全体をすっきりと見渡すことができる。それゆえ、どこにいても容易に出口を見つけ出すことができる。つまり、自在の理解を得ると、打てば響くというようになる。どこから聞かれてもすぐに答えが出てくる。

言葉だけの理解の特徴

右の喩えから、言葉だけの理解のときと自在の理解を得たときとでは、意識の働きが全く違ってくることがよく分かるであろう。この点をはっきりと認識することは重要である。そこで、この点を一層はっきりさせるために、もう一つスポーツ分野での学習の例を考えてみよう。スポーツ分野での学習では、意識の動きが外に見えてくる。このため話がうんと分かりやすくなる。

禅の研究で有名な鈴木大拙の「禅と日本文化」（岩波新書）という書物の中に、次のような一節がある。これは剣道の試合に臨んだときの剣術者の様子を記したものである。「無智の人は、智力を未だ目覚さぬから、素朴のままにある。賢い人は智力の限りを尽くしているから、もはや、それに頼らない。

両者は睦まじい隣り同士である。『生ま知り』の人に限って、頭を分別で一杯にする。」

この話に出てくる三つの段階は、この章のはじめに述べた三つの理解の仕方によく対応している。無智の人とはまだ何も習っていない人を指す。「生ま知り」の人とは、剣道のテクニックや心構えをいろいろ学んだが、まだ言葉で学んだだけで、熟達していない人を指す。つまり言葉だけの理解の人である。賢い人とは幾多の稽古を経て自在の域に達した人、つまり、自在の理解を得た人である。

「生ま知り」の人が試合に臨むと、あれこれのテクニックや心構えが次々に頭に浮かんできて、「あれをしなければ」「これをしなければ」といった思い（分別）で頭を一杯にする。このために、かえって動きがぎくしゃくした、ぎこちないものになってしまう。これに対して賢い人はもはや個々のテクニックや心構えには頼らない。しかも動きは滑らかで、どこから打ち込まれてもすぐに対応できる。すべてが我が身に付いていて何事も無意識的に自在にできるようになっているからである。

似たようなことはスポーツ分野の学習ではどんな場合にもいえる。自転車に乗る、自動車を運転する、泳ぐ、スキーをするなど、皆、そうである。こういう場合には、言葉で習っただけでは、実際にうまくできない。たとえば自転車の乗り方を習うという場合には、言葉で習っただけでは、ペダルをうまく踏もうとすると、身体のバランスが取れず、身体のバランスを取ろうとすると、ペダルをうまく踏めない。こうして動きはぎくしゃくしたものになり、頭は「あれをしなければ」「これをしなければ」といった思い（煩悶）で一杯になる。ところが、しばらく練習を続けて上手に自転車に乗れるようになると、それまでの煩悶は嘘のように消え去り、頭がすっきりする。そして、口笛を吹きながら、無意識的に自在

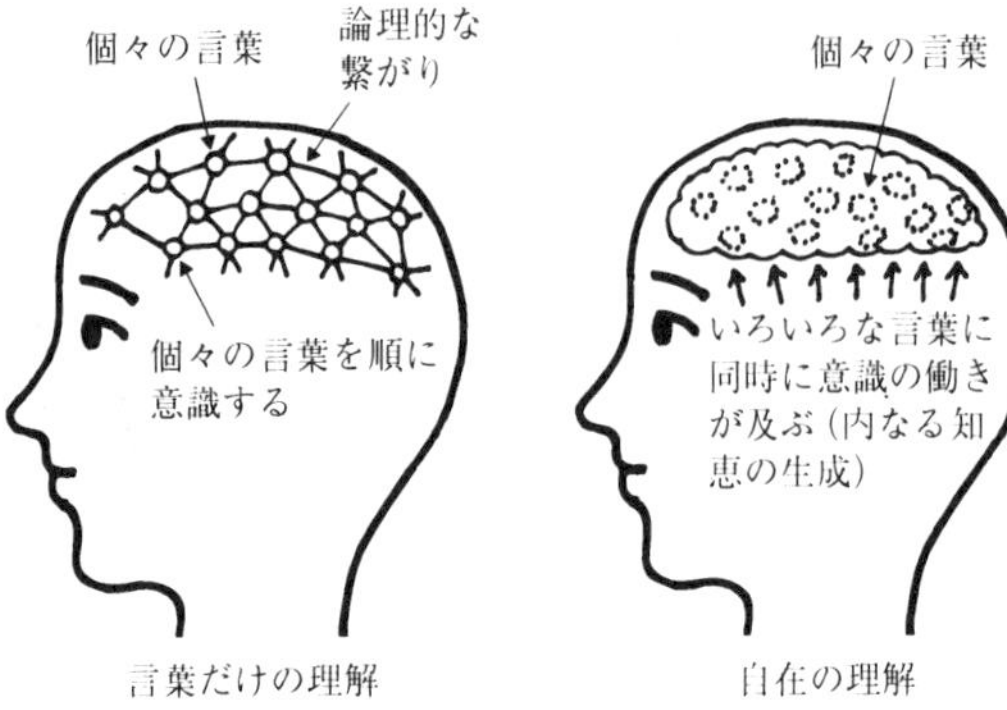

図2-2　言葉だけの理解と自在の理解における意識の働きの違い

に自転車に乗れるようになる。

こういう例を見ると、言葉だけの理解のときと自在の理解を得たときとでは意識の働きが全く異なることがよく分かるであろう。特に注意すべきことは、言葉で理解しただけのときには、あちらをやれば、こちらがうまくいかず、こちらをやれば、あちらがうまくいかず、といったことになることである。つまり、意識の働きが個々の事柄にとどまり、他の事柄（全体）に及ばない。同じことは迷路の喩えのところでも述べた。スポーツ分野での学習を考えると、言葉だけの理解の特徴（限界）がよく分かる。

《《 自在の理解の特徴 》》

それでは自在の理解を得たときにはどうなるのであろうか。このときには、いろいろな事柄をすべて（相互調和的に）同時にできる。意識の働きが全体に行き渡る。

たとえば自転車に上手に乗れるようになると、身体のバランスを取る、肩の力を抜く、両足に交互に適当な力を入れる、…

自在の理解を得ることの三大意義

1．知性、創造性、主体性、人間性を得る（2・2～2・5節）
2．生きるべき道を知る。世界を信じられる（4・3節）
3．あらゆる困難を解決できる知恵を得る。利己と利他、当面と未来、生と死といった矛盾を越えて、創造的に生きられる（7・2節）

…といったことをすべて（相互調和的に）同時にできる。また、このようにいろいろなことを同時にできるから、自転車に上手に乗れるのである。自動車の運転についても同じことがいえる。自動車の運転ができるようになると、前方に注意する、アクセルとブレーキで速度を調節する、ハンドルを切る、……といったことをすべて（相互調和的に）同時にできる。あちらをやれば、こちらがうまくいかないといったことでは自動車の運転はできない。

　これから、自在の理解を得ることの実体は、いろいろなことをすべて（相互調和的に）同時にできることであることが分かる。先に迷路の喩えで述べた「迷路の壁をすべて取り払う」「全体をすっきりと見渡す」ということも、考えてみれば、いろいろな事柄を同時に意識できる（いろいろな事柄に同時に意識が働く）ことである。

≪意識的な能力を超えた力、内なる知恵≫

　以上で、言葉だけの理解と自在の理解との本質的な違いがはっきりしたであろう。思うに、人間は、意識的には、一つ一つ逐次的に考えることしかできない。先に述べた「言葉だけの理解の特徴」は人間の意識的な理解（論理的な理解）の特徴でもある。実際に論理思考では「ああなれば、こうなる」「こうなれば、そうなる」というように一つ一つ逐次的に考える。いろいろな事柄に同時に意識が働くというようなことは、人間の意識的な能力を超えている。自在の理解を得ると、意識的な能力を超えた力を得るのである。ここに自在の理解を得ることの決定的な特長がある。

人間は、言葉による理解（意識的な理解、論理的な理解）のほかに、いろいろな事柄に同時に意識が働くという理解の仕方も持つといえる。こういう理解を得ると、全体をすっきりととらえる能力を得る。ただし、こういう能力は、意識的な能力を越えた能力、すなわち、意識的にできない能力である。それゆえ、これは意識下に働く能力（無意識の能力）となる。自在の理解を得ると、我々は（無意識のうちに）いろいろな事柄に同時に意識を働かせるようになる。そういう能力を我が身につける。これが「内なる知恵」を得るということである。後で説明するように、創造性はこの「無意識の能力」「内なる知恵」「全体をとらえる力」から出てくる。創造性とは意識を超えた能力である（第1章）。それゆえ意識を超えた力を得てはじめて創造性が出てくる。

一般には、全体とは、意識的に言葉でとらえられると思われている。しかし、これは大きな誤りである。こういうときの全体とは、言葉で表された全体、言葉だけの全体である。全体そのものをありのままにとらえているわけではない。これこそまさに「言葉だけの理解」である。この世の中にはこの種の誤解が数え切れないほどある。全体そのものをありのままにとらえるためには、すべての事柄に同時に意識の働きが及ばなければならない。

≪飛躍の体験≫

意識的な能力を超えた力を得るためには、その途中で飛躍を経ることが必要であろう。実際に自在の理解を得る過程には飛躍がある。「すっきりしないものを感じてきて、自分でいろいろ考え、あれこれと深く思い悩んでいるときに、あるとき突然に『なるほど、分かった』というところに至る。」これは飛躍を得るということである。飛躍を経るから、それまでの煩悶が嘘のように消え去り、逆に喜びが湧いてくる。

逆にいえば、自在の理解（全体をとらえる力、内なる知恵）を得るためには、途中で一度飛躍を経なければならない。一度は必ず「不審、煩悶から、すっきり、歓喜へ」という飛躍の体験をしなければならないのである。

これまではこういう飛躍の体験の重要性は指摘されてこなかった。ただ一生懸命に理解することだけが強調されてきた。この章のはじめのところで、これまでは「言葉だけの理解」と「自在の理解」とが明確に区別されてこなかったと述べた。こういう状態では飛躍の体験の重要性を強調する理由はなかったのである。

しかし、学習の過程で、たとえどれだけ詳しく丁寧に書物を読み、自分の頭でよく考えて、系統立てて論理的に理解したとしても、飛躍の体験を経ていなければ、自在の理解（内なる知恵、創造性）は得られていない。こういう理解ではまだ言葉だけの理解に留まっている。一つ一つ順を追って逐次的に考えなければならない状態にとどまっている。意識的に明確な理解と自在の理解とは、まったく違ったものなのである。

≪正確な理解を得る、真髄をつかむ、真意を理解する≫

自在の理解を得ることにはもう一つ重要な意味がある。我々は自在の理解を得ても、それまでと同じように言葉を用いて知り、言葉によって考えている。しかし、自在の理解を得ると、全体をすっきりと見渡した上で、個々の事柄を考えられるようになる。それゆえ、物事の理解が広く深く正確になる。いわゆる言葉や論理が活きてくる。また、物事のもとをつかむ、真意を理解する、真髄をつかむ、ということができるようになる。ここに至ってはじめて、本質を見抜く眼を持つ、考える力を持つ、正確な知識を持つ、正しく理解する力を持つ、といったことができるようになる。

言葉だけの理解では、いつも一つ一つ理屈にしたがって考えていかなければならない。それゆえ、こういう理解では全体が見えない。いつも個々のことしか見えない。このために、物事の理解が断片的、表面的で、不正確になる。

注意すべきことは、活きた言葉を持つ、本質を見抜く眼を持つ、考える力を持つ、正確な知識を持つ、正しく理解する力を持つ、といったことは皆、意識的な能力を超えた能力であることである。こういうことは皆、全体をとらえる、つまり、いろいろな事柄に同時に意識が働くようになってはじめてできることである。「不審、煩悶から、すっきり、歓喜へ」という飛躍の体験を経てはじめてできることである。

大学生諸君などは、面接試験などで、熱とは何か、共有結合とは何か、と個々の言葉の意味を深く問い詰められると、しどろもどろになることがよくあるであろう。こうして、あなたは「基本が分かっていない」「知識が不正確である」「頭が固い」「周りが見えていない」などといわれてしまう。こういうことになるのは、多くの場合、知識が足りないからではなくて、また頭が悪いからではなくて、自在の理解（飛躍の体験）を得ていないからである。いろいろなことを知っていても、自在の理解を得ていなければ、知識がさっぱり役立たない。

言葉だけの理解では、物事の真意をつかむこともできない。第1章で井深大の例を挙げ、井深大が世に先駆けてテープレコーダやトランジスタラジオを作ろうとしたとき、周りの人々から「そんなことをして何になる」「そんなことができるわけがない」といわれたと述べた。井深大の真意はひどく誤解されたわけである。しかし、こういうときでも、現実世界について深い理解を得た人ならば、井深大の言っている事柄（言葉）のもとになっているものを察知して、その真意を正しくつかむであろう。言葉だけを聞いていたのでは、物事の真意を正しくとらえることはできないのである。言葉（物事）のもとになっているものを理解してはじめて、正しい理解が得られる。

もともと個々の物事の性質や意味は、全体との関係で決まっている。卑近な例でいえば、石が硬いというのも、石を木、草、動物などと比較しての話である。石だけを見ていたのでは、石が硬いのか柔らかいのか分からない。この世の中のものはすべて全体的に無数に絡み合っていて、この絡み合いの中でそれぞれの位置（性質、意味、意義）を持っている。したがって、全体をとらえ、全体との関係を知ってはじめて、個々のものの性質や意味がよく分かるのである。

もう一度確認するが、全体とは言葉（頭）ではとらえられないものである。先に述べた学生諸君の例の場合も、「知識が不正確である」といわれるからといって、詳しく勉強しても、事態は一向に好転しない。詳しく知るだけでは、どれほど詳しく知っても、全体をとらえることができないからである。これでは正確な理解は得られない。

詳細な理解と自在の理解とは本質的に違ったものである。詳しく知るというのは「迷路の喩え」でいえば、通路を密にするだけのことである。通路の横に高い壁があることには変わりがない。全体をとらえるためには、通路の壁を取り払わなければならない。飛躍を得なければならない。全体をとらえるためには「不審、煩悶を超えて、頭がすっきりするところに至る」という飛躍の体験を経ることがどうしても必要なのである。

2・3　自在の理解と創造性

≪新しい可能性や新しい問題に気づく≫

さて、これから、自在の理解を得れば創造性が出てくることを考えよう。最初に創造性とはどういう能力かをもう一度まとめてみよう。「はじめに」や第1章で述べたことから創造性には大きく見て次の三つの要素があるといえる。
1　新しい可能性や新しい問題に気づいてくる。展望・構想を持つ。
2　問題を受け止める力を持つ。問題の真意をつかむ。
3　徹底的に追及する意欲と能力を持つ。興味・関心を持つ。考える力を持つ。
まず、自在の理解を得ると、新しい可能性や新しい問題に気づいてくるということから考えよう。第1章でも述べたように、新しい可能性や新しい問題に気づいてくるという能力は不思議な能力である。こういう不思議な能力はどのようにして出てくるのであろうか。最初に、日常生活で経験する例を見てみよう。

講演会や研究発表会などでよく質問する人は、一般に、よく理解した人である。これは、よく理解する（自在の理解を得る、全体的にすっきりした理解を得る）と、「おや、どうもおかしい」「おや、何か面白そうだ」といったものを次々に感じてくるからといえる。「おや、どうもおかしい」「おや、何か面白そうだ」といったものを感じてくるということは、新しい可能性や新しい問題に気づいてくるということである。これは第1章で述べた司馬遼太郎、松下幸之助、アインシュタインの例を見ても分かるであろう。

これに対して、言葉だけの理解では、なかなか質問できない。どういう話を聞いても「なるほど、ごもっとも」という感じになって、何を質問すればよいのかが分からないのである。

もう一つ分かりやすい例として囲碁の例を考えてみよう。まだ少ししか石が置かれていない布石の段階では、初心者はどこに石を置けばよいのかよく分からない。しかし、高段者になると、こういう段階でも一手一手を「なるほど、そのとおりだ」「いや、どうもおかしい」といった納得や不審を感じながら打っている。これは対局後の検討会を聞いているとよく分かる。いろいろ納得や不審を感じながら打っているということは、いろいろ新しい可能性や新しい問題に気づきながら打っているということである。こういうことができるのは、高段者になると布石の段階でも一つ一つの石の意味がよく分かるからであろう。あるいは「石の並びとはこういうものだ」といったように「石のあるべき姿」について全体的なイメージ（すっきりした理解）を持つからであろう。

この囲碁の例を見ると、自在の理解を得ると、どうして新しい可能性や新しい問題に気づいてくるのかがよく分かる。2・2節で述べたように、自在の理解を得ると、全体をすっきりと見渡せる。また、一つ一つの物事の意味がよく分かる。このために、いろいろ見たり聞いたりする中で、こういう自分の理解に合わない（ないしは共鳴する）ことに遭遇すると、すぐ「おや」と思ってくる。こういうことは自在の理解（いろいろな事柄に同時に意識を働かせる力、全体をとらえる力）を得ないとできないことである（さらに詳しいことは4・2節、7・2節、8・2節などで述べる）。

言葉だけの理解では、いつも一つ一つ理屈にしたがって考えていかなければならない。このために、一つ一つ考えていって直接に問題に突き当たるまでは問題があることに気づけない。たとえば少し極端な例かも知れないが、次のようなことが起こる。熱とは何かと聞けば、Qで表されるものでしょうという。温度とは何かといえば、Tで表されるものでしょうという。エントロピーとは何かといえば、Qを

Tで割ったものでしょうという。それならばエントロピーと比熱の違いはどこにあるのかというと、「うーん、……」ということになる。こういう調子では、問題のあるところや新しい可能性のあるところがあってもさっぱり気づくことができない。

≪広く深い自在の理解、多重多面的な自在の理解≫

広く深く自在の理解を得ると、広く深く物事の真髄をつかむ。このような理解を得ると、それに応じて、広く深いところから不審、疑問、共鳴を感じてくる。第1章で述べたように、アインシュタインの一般相対性理論は、「質量とは何か」に疑問を感じてきたことから生まれたといわれている。物事を広く深く理解すると、日頃何気なく使っている言葉からも大きな可能性を感じ取ってくる。そして広大な人生を切り開いていく。

司馬遼太郎や松下幸之助の例も同じように考えることができる。これらの人達は社会のあり方や人間のあり方について広く深い理解を持っていた。このために日常のちょっとした出来事をきっかけにして、大きな可能性を感じてきた。

広く深く自在の理解を得ることは、到底思慮では測り知れないような大きな意味を持つ。もともと自在の理解を得ることは意識的な力を超えた力を得るという意味を持つ（2・2節）。それゆえに広く深く自在の理解を得ると、思いも及ばぬような世界、予想もしなかったような世界に切り込んでいく力を得るのである。こういうことは自在の理解を得ること以外では不可能なことである。

ここは大事なところなのでもう少し説明しておこう。広く深い自在の理解は、たとえば次のようにして得られてくる。ある事柄にすっきりしないものを感じてきて、これについて自在の理解を得ると、すぐ次にこれに関連したことで疑問が出てくる。これについて自在の理解を得ると、また別の事柄で疑問が出てくる。このようにして思考がどんどん広がり深まっていく。基本的な事柄にすっきりしないものを感じてくると、こういうことがよく起こる。このように徹底して考えていくと、最後には「この一点」というところが見えてくる。ここを超えると、全体的に「すっきりと分かるところ」に至る。人生においてはこういうことをいろいろな領域で何度も繰り返していく。

自在の理解を得ると、いろいろな事柄に全体的に同時に意識の働きが及ぶようになる。つまり、一つの「いろいろな事柄に全体的に同時に意識の働きが及ぶ世界」が生まれる。自在の理解を次々に得ていくと、こういう「全体的に同時に意識の働きが及ぶ世界」が次々に連なり重なり合っていく。最後に「この一点」というところを超えると、こういう「全体的に同時に意識の働きが及ぶ世界」が多重多面に連なり重なり合った、より大きな「全体的に同時に意識の働きが及ぶ世界」ができあがる。これによって広く深い理解を得る。こういうことをいろいろな領域で繰り返していくと、一層多重多面に連なり重なり合った、さらに大きな「全体的に同時に意識の働きが及ぶ世界」ができあがる。こういうことを限りなく繰り返していく。

こういうところに至ると、常人には到底思いも及ばぬような理解を持つようになる。一つ自在の理解を得るだけでも「意識的な理解の及ばぬところ」に至るのだからである。我々の目標はこういうところに至ることにある。

《問題を受けとめる力を持つ》

次に、自在の理解を得ると、問題を受け止める力を持つということを考えよう。自分で新しい問題に気づいてこなくても、外から与えられた問題の真意をつかみ、これを受け止めることができれば、これを追及して創造を得ることができる。つまり、創造性が出てくる。広く深く自在の理解を得れば、外から与えられた問題の真意をつかむことができる（2・2節）。それゆえ、これを受け止めることができる。

ところが、広く深い自在の理解を持たないと、こういうことはできない。司馬遼太郎や松下幸之助の例で、周りの人達は（一部の人を除いて）司馬遼太郎や松下幸之助の感慨の話を聞いても、その真意を理解できなかった。このため深く追求していくことができなかった。第1章で井深大の回想を例に挙げ、創造性を持たない人は、創造的な人の考えに対して「そんなことをして何になる」「そんなことができるわけがない」といった言い方をすると述べた。この話も、広く深い自在の理解（深い理解）を持たないと、提起された問題を受け止められないことをよく示している。

一般に、深い理解を得た人の言葉には、その裏に深い意味（全体的な直覚）が付随している。言葉だけの理解しか持たない人は、言葉だけを聞いて、その裏にある深い意味をとらえることができない。このために真意をつかめない。その言葉を発する人と同じように深い理解を得て、言葉の裏に付随した深い意味をとらえるようになってはじめて、その言葉の真意をつかむことができる。

前に、言葉だけの理解では、講演会や研究発表会などでなかなか質問できないと述べた。今度は立場を変えて、言葉だけの理解を持って研究発表をしたときのことを考えてみよう。言葉だけの理解でも研究発表自身は無難に終えることができる。前もって十分に準備できるからである。ところが、その後質疑の時間に入って、聴衆から質問を受けたとき、こういう理解では質問の意味を正しく受け止めることができない。こうして、的外れの答えをして、爆笑を買うといったことになる。こういうことは、実際に、学生諸君の発表会などではしばしば起こることである。

質問の意味を正しく受け止めるということは、もともと、難しいことなのである。質問されたときには、その言葉だけを聞いていたのでは駄目なのである。言葉のもとになっているもの、つまり、質問者の心が分からなければならない。しかし、言葉だけの理解では、こういうことができない。どうしても言葉だけを聞いてしまう。それゆえ、どうしても、的外れの答えになってしまう。

≪追及の意欲と能力を持つ、考える力を持つ≫

最後に、自在の理解を得ると、深く追及していく意欲と能力を持つということを考えよう。これも司馬遼太郎、松下幸之助、アインシュタインの例を見ればよく分かる。これらの人達は、それぞれ「何か」を感じてきた後、これをもとに深く徹底的に追求していった。自在の理解を得ると、新しい可能性や新しい問題に自分で気づいてくるが、こういうときには、さらにこれを深く徹底的に追求していく意欲と能力も持つのである。

新しい可能性や新しい問題に自分で気づいてきたときには、物事を全体的にすっきりとつかんでいる。個々の物事の意味がよく分かっている。つまり、内なる知恵を持つ。それゆえ深く追求していくことができる。

新しい可能性や新しい問題を他の人から言葉だけで聞いたときには、こういうわけにはいかない。司馬遼太郎や松下幸之助の周りの人々は、感慨の話を聞いても、これを深く追及していくことができなかった。自分で気づいてこられないとき、また、真意をつかめないときには、これを追及していく意欲も能力も出てこないのである。

そもそも、言葉だけの理解では、真の意味の「考える」ということができない。真の意味の「考える」とは、習い覚えた知識を習い覚えたとおりにたどっていくことではない。これでは単なる機械的な演算である。

真の意味の「考える」とは、自分なりの考え（イメージ）を持ち、何らかの可能性や不審を感じ取って、問題をあれこれと検討していく、あるいは、答えをあれこれと探っていくということである。こういうことができてはじめて「複雑な状況の中で何が大切かを見極める」「困難を打開する」「新しい局面を切り開く」といったことができるのである。これが活きた知識をもつということであり、考える力をもつということである。また創造性を持つということである。こういうことは、物事を全体的につかみ、思考が全体的に自在に働くというようになってはじめてできる。

≪ まとめ ≫

以上から、自在の理解（広く深い自在の理解）を得れば、内なる知恵を得て、創造性が時機に応じて自然に出てくることがよく理解できたであろう。自在の理解（広く深い自在の理解）を得ると、それだけで、新しい可能性や新しい問題に気づく、問題を受け止める、興味・関心を持つ、粘り強く追求する意欲と力を持つといった能力がすべて自然に出てくるのである。こういうことは自在の理解を得るということなしには不可能なことである。

2・4　自在の理解と主体性

≪ 自由と自立 ≫

自在の理解を得ると、主体性も出てくる。これは創造性に密接に関係したことであるので、ここで少し述べておこう。

まず、自在の理解を得ると、自由を得る。前に「自転車に乗る」という例で、言葉だけの理解では、あちらをうまくやれば、こちらがうまくいかず、といったことになると述べた。こうして頭は「あれをしなければ」「これをしなければ」といった思いで一杯になる。このようにいろいろな思いで頭が一杯になるということは、頭があれこれの知識にとらわれているということである。ところが、自転車に上手に乗れるようになると、こうした煩悶はすっかり消え去り、頭がすっきりする。そして、口笛を吹きながら、自在に自転車に乗れるようになる。これは頭があれこれの知識へのとらわれから完全に解放されたということである。つまり自在の理解を得ると自由を得る。

知識の学習でも同じことがいえる。2・1節で述べたように、言葉だけの理解では、何事を考えるにも、あちらを考えたり、こちらを考えたりしなければならない。これは頭があれこれの知識にとらわれているということである。自在の理解を得ると、こういうとらわれから完全に開放される。すなわち自由を得る。

頭があれこれの知識にとらわれるということは、見方を変えれば、頭がこれらの知識に頼っている（依存している）ということである。頼っているから、とらわれてしまうのである。自在の理解を得ると、こういう依存からも解放される。つまり、自立を得る。

自由や自立が重要なことは、今さら言うまでもないことであろう。こういうものも、自在の理解を得てはじめて獲得されるのである。言葉だけの理解では、意識するとしないとにかかわらず、必ず、個々の知識（事柄）に依存し、とらわれている。ここから逃れることができない。

一般に、我々は、日頃、自分は自由で自立していると思っている。物事に依存し、とらわれているとは思っていない。しかし、これは多くの場合、間違いなのである。こういうことになるのは次のような事情による。言葉だけの理解を持っていても、実際に問題に直面するまでは、心は平静である。言葉だけの理解の限界（不自由さ）は日常生活においていつも現れてくるわけではない。このために、あたかも自分が自由で自立しているかのように錯覚する。しかし、この種の自由や自立は、当然のことながら、真の自由や自立ではない。自分の不自由さに気づいていないだけのことである。

《興味、関心、開拓心、冒険心、進取の心》

自在の理解を得ると、興味、関心、開拓心、冒険心といった進取の心が出てくる。「自転車に乗る」という例の場合、自転車に乗れるようになると、自転車に乗るのが面白くなって、あちこちと自由に乗り回してみたくなる。また、急な坂道を下りてみたり、手放しで乗ってみたりというように、少し冒険的なこと、開拓的なこともやってみたくなる。さらには、バイクに乗る、一輪車に乗るといったことにも興味が出てくる。

知識学習の場合も同じである。前に述べたように、「なるほど、分かった」というところに至ると、頭がすっきりして、元気が出てくる。そして、再び新しい知識を受け入れられるようになる。さらには、もっと難しいことも考えてみようという意欲が出てくる。やはり、興味、関心、開拓心、冒険心といった進取の心が出てくる。

真の元気、意欲、開拓心、冒険心といったものも、自在の理解を得てはじめて出てくるのである。言葉による理解では、どうしても気持ちが「今の世界」の中に留まり、それ以上には大きく広がっていかない。井深大の例で、創造性を持たない人は「そんなことをして何になる」「そんなことができるわけがない」といった言い方をすると述べた。言葉による理解では、どうしても、こういう発想になってしまう。

2・5　自在の理解のいろいろな例

《本当の学習の仕方》

これまでの考察で自在の理解を得ることの重要な意味がよく分かったであろう。そこで、2・1節および2・2節に続いて、もう少し自在の理解の例を考えてみよう。自在の理解は人生においては実にいろいろな形で得られてくるのである。

2・1節や2・2節では、新しい科目（ないしは新しい事柄）を学んでいくときに、「すっきりしない」という気持ちが出てくるという例を述べた。こういう気持ちは、こういうときだけでなく、いろいろな事柄をすっかり学び終えた後にも出てくる。筆者の経験でも、いろいろな科目を習い終った後、つまり、大学院生、さらには教官の身分になってからでも、エントロピーがどうもすっきりしない、化学結合力の本性がどうもすっきりしないといった気持ちが出てきた。こうして、エントロピーとは何か、化学結合力とは何かと考えていったものである。

言い訳ではないが、「よく分からない」「すっきりしない」という気持ちが出てくるのは、頭が悪いからではない。もともと、そうなるものなのである。言葉だけの理解には限界があるからである（2・1節）。また、このように次々に「すっきりしない」という気持ちが出てくるから、いろいろな知識に広く深く自在の理解を得ていくことができる。この意味では、こういう気持ちはどんどん出てきた方がよいのである。

実際に、こういう気持ちは、理解が進むほどよく出てくる。理解が進むほど、創造性が身に付いてくるので、「どうもおかしい」という気持ちがよく出てくるのである（2・3節）。一般には「どうもおかしい」「よく分からない」などといったりすると、頭が悪いのではないかとネガティブな意味にとられる。しかしこれは逆なのである。

知識の学習で「よく分からない」「すっきりしない」という気持ちが出てきたとき、いちいち、はじめに戻って考え直し、徹底的に考えるといったことをしていては、時間がかかってしようがないと思えるかも知れない。しかしこれは逆である。自在の理解を得ると物事の理解がうんと速くなる。また広く深く正確になる。このために、その後の学習が極めて効率的になる。新しい事柄でも、吸い取り紙が水を吸い込むように、すいすいと頭の中に入ってくる。さらに学習が面白くなってくる。それゆえ、長い目でみれば、こちらの学習法の方がうんと効率的なのである。

自在の理解を得ることは、理解のレベルが上がってくるとだんだん難しくなる（第3章）。しかし、学習の初期の段階では、それほど大層なことではない。少し努力すればできる。これが後の学習で大いに役立つ（第3章）。

ついでに述べれば、「すっきりしないものを感じてきて、あれこれ考えていくと、ますます問題が複雑になり、しばしば煩悶に陥る」というのも頭が悪いからではない。これも、もともと、そうなるものなのである。思えば、あれこれ考えていくと煩悶に陥るというのも不思議なことである。本来ならば、あれこれ考えていけば「だんだんよく分かるようになる」となるはずのものである。しかし実際はしばしば逆になる。これは「あれこれ考えていくと、だんだんよく分かるようになる。このために、次々におかしいと思うところに気づいてくる」と考えれば分かる。結局は先に述べたことと同じことが起こっているのである。

あれこれ考えて煩悶に陥ってきたとき、考えるのをやめてはいけない。むしろ、煩悶に陥ってきたら、喜ばなければならない。煩悶に陥ってきたということは、別の面から見れば、よく分かってきたということなのである。煩悶のすぐ向こう側に楽園（すっきりと分かるところ）がある。実際に、理解が進んでくると、煩悶に陥ってきたときには、一方では面白い、考えずにおられないという気持ちが出てくる（第1章）。こうして自然に（無意識的に）考え続けていく。

自在の理解を得る過程にはいろいろ不思議なことがある。学習の過程でこういう不思議さを楽しめるようになれば学習も本物である。知識を頭に詰め込むばかりでは、さっぱり学習が面白くないであろう。

《《 真の納得、真の自信を得る、自己創造を得る 》》

「すっきりしない」という気持ちは、学習過程だけでなく、日常生活でもしばしば出てくる。まず、一例として、立命館大学の元学長であった末川博が新聞紙上で学生に語っていた話を紹介しよう。ずいぶん前のことであり、記憶だけが頼りなので、少々不正確かも知れないが、およそ次のようなことであった。

> 末川博が学生であった頃、人生の問題にひどく悩むようになった。何故に自分はこの世に生きているのだろうか。自分がこの世に生きる価値は何なのだろうか。人生とは何なのだろうか。自分はどのように生きていけばよいのだろうか。このような問題が頭に引っかかり、いろいろ考えるようになった。そのうち、この問題が頭の中で膨らんできて、頭の全体を覆うようになった。こうして何事も手につかない状態となり、毎日毎日そのことばかりを考えるようになった。幾日も幾日も思い悩んだあげく、あるとき不意に、「自分は神や仏ではない、自分は自分だ」というような結論に達した。これによって、たちまち心が晴れ、生まれ変わったような気がして、元気が出てきた。

心が晴れるところに至るというのも、全体がすっきりと分かるようになったということで、自在の理解を得たということである。若き頃の末川博は、煩悶・苦悩を超えるという飛躍の体験を経ることによって、（人生に対する）すっきりした心、確固としたもの、真の自信、真の納得を得た。それゆえに、生まれ変わったような気がして、元気が出てきた。自在の理解を得ると、内に「自在の思考を可能にするもの」「全体をすっきりととらえるもの」「すべての事柄に同時に意識を働かせる力」を得る。すなわち、内に（意識下に）自らを支える力と知恵（内なる心、内なる知恵）を得る。これが、外には、確固としたもの、真の自信、真の納得として感じられてくる。

日常生活では、このほかに、考え方の食い違いなどで他の人と争う状況に至り、長い間考え悩んで、心がすっきりするところに至るというような体験をすることもあろう。こういう体験によっても自在の理解を得る。そして、生きる力、生きる知恵、人間性などを身につける。

一般に、自在の理解を得ると、人は脱皮をする。内に自己変革を遂げ、自身の在り方が根本的に変わるからである。人は誰でもこの広い世界の中でただ一人で生きている。いわば孤独な存在である。こういう人生において、確固とした自信を持ち、独自の道を歩むためには、自在の理解を得ていることが絶対に必要である。

創造を得る

これまで述べたことから、察しのよい読者は、自在の理解を得ることと、創造を得ることとが同じであることに気づかれたであろう。すっきりしないところが出てきて、これを徹底的に考え、「あっ、そうか、なるほど、分かった」というところに至るというのは、まさに創造を得るということである。それゆえに「なるほど、分かった」というところに至ったときに、心の内からえも言われぬような喜びが湧いてくる。

参考のために、ここで簡単な創造の例を挙げてみよう。アルキメデスは王から「王冠の金が本物か偽物か」を明らかにするように命じられた。アルキメデスはいろいろ考えたが、なかなかよい考えが思い浮かばない。幾日も幾日も考えたあげく、あるとき風呂に入った。そして風呂の湯がザアーと溢れ出るのを見て、はっとし、この瞬間に問題を解く鍵（浮力の原理、比重の考え）を見つけ出した。アルキメデスは、喜びのあまり、裸のままで浴室から飛び出したという。この話から「創造を得る」過程と「自在の理解を得る」過程とが本質的に同じであることがよく分かるであろう。同時に、この話から、創造（自在の理解）がいかに不意に現れてくるか、さらに、このときにどれほど大きな喜びが湧いてくるかもよく分かるであろう。

自在の理解を得るということは、深い理解を得るというだけでなく、新しいところに至る、新しいものを作り出す、という意味を持つ。自在の理解を得ることは、言葉による理解を超えることである。それゆえに新しいところに至るのである。

ただし、自在の理解を得るという場合には、すでに社会的に理解されていることを自分も理解するようになったという場合が多い。この意味では普通にいう創造とは違う。普通にいう創造では、これによって得た結果が社会的に見て新しく、社会的な価値を持つからである。しかし、こういう結果の価値を別にして、一人の人間の思考過程としてだけ見るならば、自在の理解を得ることと創造を得ることとは同じである。

右に述べたことは、日ごろ自在の理解を得る努力を続けていると、いずれこの延長線上において、社会的に意味のある創造ができるようになることを示している。自分の理解が深まってきて、社会的な理解の限界に至り、さらにこれを超えるようになると、自分で自在の理解を得ることがそのまま社会的に意味のある創造をすることになるからである。この意味でも自在の理解を得る努力を続けることは重要である。

《真実を知る、目覚める》

最後に自在の理解の真骨頂ともいえる例を挙げてみよう。仏教の解説書によれば、釈迦は、領内を歩いていたとき、人が死んで運ばれていくのを見て、人の生のはかなさを思うようになり、これが頭から離れなくなった。こうして妻子を置いて山中に入り、数年におよぶ修行を経て、解脱（心がすっきりと晴れるところ）に至ったとされている。この話はこれまで述べてきた例とよく似ているであろう。仏教哲学の説く悟り（解脱、目覚め）も、その本質はこれまで述べてきた自在の理解と同じなのである。そのように考えることができる。

一般に、自在の理解は、レベルが高くなるにつれて、得るのがだんだん難しくなる。しかし、このように高いレベルで自在の理解を得ると、崇高な境地に至り、高い知恵と心を持つようになる。実際に、釈迦は「生死の区別を越える」といった思いも及ばぬような境地に至り、新しい人間の生きるべき道を見いだしたのである。ここから仏教が始まった。（釈迦の体験を歴史的な事実として認めるかどうかには問題があるかも知れない。しかし、とにかく、ここから仏教が始まった。釈迦がそのもとになるものを得たことは確かであろう。）自在の理解を得るということは、高いレベルで考えるならば、限りなく深い意味を秘めている。

2・1節で「言葉だけの理解には限界がある」と述べた。これは常識的な軽い意味で言っているのではない。人間の理解はどれだけ進んでもなお限界がある。どれほど明白に思えることにもまだ理解の限界がある。人間の理解には本源的に限界がある（第3章）。釈迦が偉大であったのは「人は死ぬ」「人生ははかない」といったことに「すっきりしないもの」を感じてきたことにある。こういうことは当たり前のことで、普通は「それは事実だ、物事の本性だ、仕方がない」と思って諦めてしまう。釈迦はこの当たり前、本性と思われるところに不審を感じた。こういう理解にはまだ限界があったのである。釈迦はこれに気がついた。これによって深い理解に到達した。

2・6　意識されない世界との交流

この章のはじめで、自在の理解を得ることは「意識されない世界」とうまく交流する方法であると述べた。最後にこれについて考えておこう。

言葉による理解を超えるということは、「意識している世界」を超える、つまり、「意識されない世界」に至るということである。「あっ、そうか。なるほど、分かった」と思うその瞬間に、我々は（無意識のうちに）意識されない世界に至るのである。そして「意識されない知恵」（内なる知恵、全体をつかむ力）を身に付ける。これによって新しい自分を得て、「あっ、そうか」と思い、再び意識される世界に戻ってくる。こういうことが一瞬のうちに起こる。

２・２節で自在の理解を得る過程には飛躍があると述べた。深く考え迷っている過程で、あるとき突然に「あっ、そうか。なるほど、分かった」と思ってくる。このとき（この瞬間）に何が起こるのかは分からない。とにかく大きな飛躍が起こる。こういうことになるのは、このときに意識されない世界に「行って、返ってくる」ということをするからである。我々は確かに、このときに「意識されない世界」と交流しているのである。

言葉だけの理解を続けていては、意識の働きがいつも「意識される世界」に留まる。これでは創造性（内なる知恵、意識されない知恵、意識的な能力を越えた力）を得ることはできない。創造性を得るためには、言葉を超える、意識的な理解を超える、従来の殻を打ち破る、脱皮する、飛躍を得るということがどうしても必要なのである。

第3章 「無知に無知」からの脱却

第2章で創造性の向上法について述べた。この方法を実行すれば創造性は必ず向上する。しかし現実を見ると創造性の向上はそれほど簡単ではないように見える。どうしてであろうか。これは第2章の方法が間違っているからではない。この方法の実行に特有の難しさがあるからである。そこで、この章では、どういう難しさがあるのか、また、これを克服するにはどうすればよいのかを考えよう。この章で述べることが創造性の向上法の中心課題である。

≪意識されない理解、意識されない能力≫

創造性を得るためには、「言葉だけの理解」を超えて、広く深く「自在の理解」を得ていかなければならない（2・3節）。多重多面に連なり重なり合った広く大きな「全体的に同時に意識の働きが及ぶ世界」を持つようにならなければならない（2・3節）。こういうところに至れば思いも及ばぬような優れた能力が出てくる。こういうところに至ることが我々の目標である。

さて、第2章では、言葉だけの理解と自在の理解とをはっきり区別して考えた。しかし、現実の生活では、これらはあまりはっきり区別されてこない。ここにまず創造性の向上が難しくなる理由がある。第2章の最初のところで、これまでは「言葉だけの理解」と「自在の理解」とが明確に区別されてこなかったと述べた。自在の理解の存在（あるいはその意義）が見逃されてきた。こういうことになったことには理由があったのである。

よく勉強し、いろいろなことを知るようになっても、学習の過程で飛躍の体験を経ていなければ、言葉だけの理解に留まっている（2・2節）。しかし、こういう言葉だけの理解を持っていても（理解したとおりに）一つ一つ理屈にしたがって考えていく分には、ふむふむとよく分かるのである。このために言葉だけの理解でもよく分かったような気持ちになってしまう。こうして自在の理解との区別がつかなくなってしまう。

一方、自在の理解を得ても、頭がすっきりしたという思いを（一時的に）経験するだけで、それまでと同じように、言葉によって知り、言葉によって考えている。確かに自在の理解を得ると、第2章で述べたように、物事の真髄をつかみ、本質を見抜く眼を持つ、考える力を持つ、正確な知識を持つ、……といったことができるようになる。しかし、こういうことは内面的なことで、その部分が他から区別されてはっきりと自覚されてくるわけではない。自分の成長過程がはっきりしないだけではない。他の人との相互比較もはっきりしない。たとえば大学のクラスの中で、誰が自在の理解を得ているか、誰が得ていないかははっきりしない。

自在の理解とは、意識されない理解なのである。自在の理解によって得られる能力は、無意識下に働く能力（無意識の能力）である（2・2節）。頭がすっきりした、心が晴れた、といったことは、自在の理解を得たことの結果（現れ）である。こういう結果は（一時的に）意識される。しかし自在の理解そのものは意識されない。そもそも意識的な能力を超えたようなものを意識することはできない。

《創造性の低下は見えにくい》

ここで我々が現実に生きる姿を振り返ってみよう。我々はこの世に生まれてから、いろいろなことを学び、いろいろなことを経験している。この中で（特に身近な事柄に関しては）「すっきりしないものを感じてきて、自分でいろいろ考え、すっきりするところに至る」ということを（意識的にしろ、無意識的にしろ）何度も経験しているであろう。つまり我々はすでにこの面ではいろいろと自在の理解を得ている。一方たとえば大学などで学ぶ高度の知識や深い理解に関する事柄では、（右のような体験をまだ経ていないので）言葉だけの理解になっている。かくて我々は、一般に、自在の理解と言葉だけの理解をミックスして持つことになる。ただし我々は、自分の持っている知識の中で、どの部分が自在の理解で、どの部分が言葉だけの理解なのかをはっきり自覚することができない。

こういう状況では言葉だけの理解ばかりとなり、創造性が低下してきても、それがなかなか見えてこない。事態が相当深刻になって、やっと、どうもおかしいということになる。創造性の低下は早期発見が難しいのである。

ところで、右に述べたように考えると、人間は本来、（無意識的・経験的に）創造性を向上させていく能力（すなわち、すっきりしないものを感じてきて、自分でいろいろ考え、すっきりするところに至るという能力）を持っていると考えることができる。これまではこういう無意識的・経験的な方法で創造性が向上させられてきた。しかし、今や科学技術が発達して、知識やものの力が強くなったために、これだけでは不十分になってきた。本書の趣旨はこれまで無意識的・経験的に行われてきた方法を意識的に定式化しようということである。これによって我々が本来持っている能力を援助し、より効率的に創造性の向上を図ることができる。

無意識的・経験的な方法だけでは限界がある。たとえば現代においても高い創造性を持つ人はたくさんいる。こういう人達はおそらく無意識的・経験的に広く深く自在の理解を得てきたのであろう。しかし、このように無意識的・経験的に自在の理解を得てきたときには、どうして自分が創造性を持つようになったのかを正しく理解できていない。このために、他の人に「どうすれば創造性を持てるか」を教えるときに誤りが出てくる。多くの場合は、自分の日頃の経験に基づいて、正確な知識を持て、本質を見抜く眼を持て、……といったことが語られることになる。これまで、創造性の向上法として、多くの教訓が語られ、叱咤激励がなされてきたことには理由があるのである。他の人に教えるときに誤りが出てくるだけではない。自分の創造性の向上を考えるときにも同じような誤りが出てくる。

《意識的には得られない》

さて、それでは、このような状況のもとで創造性を向上させるにはどうすればよいであろうか。創造性を向上させるためには、これまで述べてきたように、まず「すっきりしないところ」（言葉だけの理解の限界）に気づいてこなくてはならない。そして、これを自分の力で徹底的に追求し、「なるほど、分かった」というところに至らなければならない。すっきりしないところに気づいてくることが自在の理解に至る窓口になっている。一方、頭がすっきりする、心が晴れ晴れする、目の前が明るくなる、といったことが自在の理解を得たことの証しになっている。

ところが、ここにも難しい問題がある。こういうことは、必要と分かって「しよう」と思っても、それだけではできないのである。言葉による理解は、得ようと思えばいつでも得られる。しかし、自在の理解はそういうわけにはいかないのである。

もう一度第2章で述べた例を振り返ってみよう。2・5節では「人生とは何か」といったことにすっきりしないものを感じてきて自在の理解を得るという若き頃の末川博の例を述べた。「人生とは何か」といったことは特別に新しい問題ではない。こういうことは日常生活の話題にしばしば出てくる。しかし、こういう話題に遭遇したとき、普通は「そういうことも考えてみないといかんなあ」と思うか、ちょっと考えてみるだけで終わってしまう。2・5節で述べたように、「この問題が頭の全体を覆ってきて、何事も手につかなくなり、毎日毎日そのことばかりを考える」というようにはならない。こういう状態には、意識的になろうと思っても、なれない。しかし、このようになれなければ、自在の理解には至れない。

同じようなことは「エントロピーとは何か」とか「化学結合力とは何か」といったことを考えるという場合にもいえる。こういうことも学習の過程ではしばしば話題に上る。しかしそれだけでは、こういう問題を徹底的に考えるということはできない。大体は、ちょっと考えてみる、というだけで終わってしまう。

このように見ると「すっきりしないところを感じてきて、これを徹底的に考えていく」ということがなかなか難しいことであることがよく分かるであろう。こういうことは、しようと思うだけではできないのである。

自在の理解を得るためには、我々は「すっきりしないところ」を感じてくるまで待たなければならない。「ある問題が頭の全体を覆ってきて、毎日毎日そのことばかりを考える」というようになるまで待たなければならない。もし、いつまで経っても何も感じず何も考えてこなければ、自在の理解は（どれほど意識的に得ようと思っても）得られない。

自らの無知に無知になる

「すっきりしないところ」を感じてこない、あるいはいつも「頭がすっきりしている」というのは、「よく分かっている」ということではない。これは、一般には、自らの理解の不十分なところに気づい

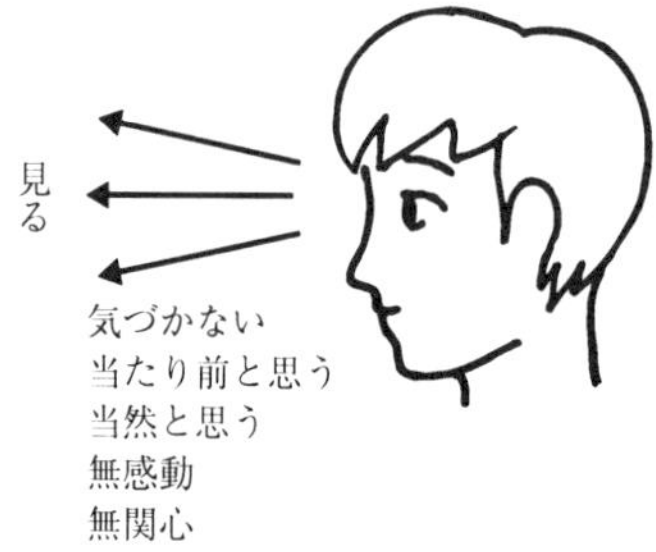

図3-1　「自らの無知」に無知になったときの状態

てこられないということなのである。人間の理解に十分ということはないからである。

仏教哲学に「無明」という言葉がある。これは単に「明らかでない」「知らない」という意味ではない。「知らないことを知らない」、つまり「自らの無知に無知になっている」ことを指す。不十分な理解を持ちながら「いつまで経っても何も感じてこない」というのは、「自らの無知に無知になっている」ということである。仏教では「無明から脱する」、すなわち「真実に目覚める」ことが最重要の課題として強調される。これは、逆に見れば、無明が人間社会の中に広く一般に存在することを示している。

自在の理解を得ることがひどく難しくなるのは、ひとえに「すっきりしないところ」「よく分かっていないところ」（言葉だけの理解の限界）に気づいてくるのが難しいというところに原因がある。我々は一般に、言葉だけの理解で「分かった」と思ってしまう。本当はよく分かっていないのに、分かっていると思い込んでしまう。

さらに、ここにはもう一つ困った問題がある。自らの無知に無知に陥っているときには、これを他の人から指摘されても、その真意を理解できないということである。つまり、自在の理解に関しては（言葉による理解とは違って）無知（不足）を他の人から指摘されても、なおそれに気づくことができないのである。たとえば人生について何の悩みも抱えていないときに、「人生についてもっとよく考えよ」といわれても、何をどう考えればよいのか分からない。言われていることの意味が分からない。自らの無知に無知に陥っている人に、「あなたは本当はよく分かっていない」といっても怒り出すだけである。自らの無知に無知に陥ると「まことに歯がゆい、しかし、言っても分からない、どうしようもない状態」になるのである。

先に述べたように、自在の理解（言葉を超えた理解）とは、意識されない理解である。このために、この境界も、これの及んでいない領域も、まったく自覚することができない。ある事柄を知っているか、知らないかは、はっきり分かる。しかし、よく理解できているか、そうでないかは、はっきりしないのである。

≪自らの限界に気づいてくる能力≫

以上、我々人間の置かれている状態を考えてきた。こういう状態では、「自らの無知」に気づくこともなかなかできないし、自在の理解を得ることもなかなかできない。このために創造性の向上が一向に進まないといったことになってくる。それでは、この問題はどうすれば解決できるであろうか。どうすれば創造性を向上させることができるであろうか。

この問題は難しい問題である。長い仏教の歴史においても、「いかに悟りを得るか」つまり「いかに真実に目覚めるか」という問題が長く解決されないままに残ってきた。仏教の解説書などを見ていると、現代においてもなお正しい解決が得られていないのではないかとさえ思えてくる。座禅というようなことが説かれるが、現代において座禅で悟りを得たというような話を聞いたことがない。「自在の理解を得る」ことと「悟りを得る」（真実に目覚める）こととは本質的に同じことである（2・5節）。それゆえ自在の理解を得ることにも同じ難しさが存在する。ここには共通の課題がある。

問題を少しずつ整理していこう。創造性を向上させるためには、自在の理解を得なければならない。自在の理解を得るためには、「すっきりしないところ」（言葉だけの理解の限界）に気づいてこなければならない。そうでなければ考え始めることができない。ところが、「すっきりしないところ」は、意識的に気づこうと思っても、気づけない。こういうところに気づいてくるためには、こういうところに気づいてくる能力を持たなければならない。では、こういうところに気づいてくる能力とは、一体どういう能力であろうか。それは創造性である。創造性を持てば、「どうもおかしい」と思う気持ちが出てくるからである（2・3節）。

しばしば偉大な創造は偉大な疑問を発するところから生まれるといわれる。第1章で、アインシュタインの一般相対性理論は「質量とは何か」に不審を感じてきたことから生まれたと述べた。また、司馬遼太郎の数々の小説は、第二次大戦の敗戦を契機に「どうして日本はこんなつまらないことをしたのだろうか」という感慨（不審の念）を感じてきたことから生まれたと述べた。「すっきりしないもの」を感じてくるということは、これほどに重要な意味を持つ。こういうものを感じてくるということは、まさに、創造性を持つということなのである。逆にいえば、創造性を持たなければ、こういうものを感じてくることができない。

2・5節で、自在の理解を得ることと、創造を得ることとは同じであると述べた。このように考えれば、自在の理解を得るために（すなわち「すっきりしないところ」を感じてくるために）創造性が必要であることは自明のこととなる。

「すっきりしないところ」に気づいてくるのが難しくなるのは、結局、このために創造性が必要であるからである。創造性を持たなければ、どうしても、理屈で分かる（頭で分かる、辻褄が合う、説明できる）というところに留まってしまう。

《良循環、悪循環》

以上のように考えると、創造性の向上法として一つの方法が見えてくる。我々は、それまでに得た自在の理解をもとに「すっきりしないところ」に気づいてきて、これによって次の自在の理解を得ていくのである。

すなわち、日頃、自在の理解を得る努力をすれば、創造性を得る。これによって「すっきりしないところ」を感じてこられるようになり、また、物事に興味、関心が出てきて、考える力や意欲も出てくる。このようになると、さらに次々に自在の理解を得ていくことになる。このように次々に自在の理解を得ていくと、これによって一層高い創造性を得る。かくてますます深く自在の理解を得ていくことになる。

こうして創造性は自然に加速度的に向上していく。これは良循環の道といえる。良循環の道に入れば、創造性は自動的に高まっていく。

これに対して、知識を取り入れるばかりで、自在の理解を得る努力をしないと、創造性が得られてこない。こうなると「いつまで経っても、何も感じてこない」ということになる。こうして、ますます創造性が得られなくなり、ますます言葉による理解ばかりを続けていくことになる。これは悪循環の道といえる。

自在の理解と創造性とは、鶏と卵の関係にある。自在の理解を得るためには創造性を持たなければならない。創造性を持つためには自在の理解を得なければならない。

学習の過程で、言葉による理解ばかりを続けているか、自在の理解を得るように心がけるかによって、初期の頃は大した違いがないように見えるかも知れない。しかし、月日が経つと、思いもよらないような大きな違いが出てくる。ここには良循環、悪循環という一種のねずみ算が働くからである。しかも創造性はこういう方法でしか得られないのである。他の方法でカバーするといったことはできない。

《人間の能力の本源的な限界》

ただし、これまで述べたことで問題がすべて解決されたわけではない。まだ重要な問題が残っている。もう一度我々の置かれている状況を考えてみよう。

我々は一般に多くの知識を持っている。これらの知識のうち、ある部分、たとえば、身近な知識・初歩的な知識の部分では、我々は自在の理解を得て、良循環の道に入っているであろう。しかし他の部分、たとえば、高度な知識の部分、あるいは深い理解に関する部分では、我々の理解は言葉だけの理解になっているであろう。しかも、どの部分が自在の理解で、どの部分が言葉だけの理解なのかをはっきりと自覚することができない。

こういう状況では、たとえよく理解した人、つまり、広く深く自在の理解を得た人であっても、さらに高度な事柄、さらに深い理解に関する事柄になると、言葉だけの理解となり、自らの無知に無知になってしまう。こうして、こういう領域では、やはり（知らぬ間に）物事を外側だけから見て、頭だけでテクニック的に考えるということになってしまう。それまでに身に付けた創造性がそこまで及んでいないからである。

長い仏教の歴史において「いかに悟りを得るか」という問題が長く解決されないままに残ってきたのは、「悟りを得る」ということが「生死の分離を超える」「自他の分離を超える」というような非常に深い理解を得ることであったからであろう。こういうところでは、ほとんどの人が言葉だけの理解になってしまう。

創造性の向上法についても同じようなことがいえる。偉大な創造の体験談を例にして創造性を考えていると、どうしてもこれを言葉だけで表面的にとらえてしまう。偉大な創造の真髄をとらえるためには、高い創造性が必要だからである。

最近では、「はじめに」で述べたように、子供達が正確な知識や正しく理解する力を失ってきたことが大きな問題になっている。しかし、高いレベルで考えるならば、そういうことを言っている人（広く深い理解を得た人）も同じような状態に陥っている。やはり、正確な知識、正しく理解する力を失っている。ここにはレベルの違いがあるだけである。

自らの無知に無知になるということは、理解の低い人だけに現れてくる現象ではない。よく理解した人を含めてすべての人に現れてくる一般的な現象である。日常的な事柄では正しい理解を示す人も、理解のレベルが上がってくると、さっぱり真髄をとらえられず、頑なことを言うというようなことは往々にして起こることである。むしろよく理解した人の「無知に無知」の方がたちが悪いともいえる。こういう人は、どうしても、自分はよく勉強している、よく分かっている、という気持ちを持つからである。

≪初歩・基本から考える、根本的に考える≫

右に述べたことから、創造性の向上法として、もう一つの方法が見えてくる。知識や物事を理解する場合に、特にそれが高度の事柄や深い理解に関する事柄である場合には、それをそのまま直接に理解しようとしてはいけないということである。そういうことをすると、どうしても言葉だけで表面的に理解することになってしまう。

知識や物事を理解する場合には、初歩的・基本的なところに戻って根本から考えるということをしなければならない。こういうところに戻れば、そこでは自在の理解を得ているので、「すっきりしないところ」に気づいてくることができる。また、興味・関心や、考える力、意欲も出てくる。それゆえ少しずつ自在の理解のレベルを上げていくことができる。こういうことを積み重ねていけば、高度の事柄にも正しい理解が得られ、創造性も高まってくる。

現実生活の問題（困難）を考える場合にも同じことがいえる。現実生活の困難をそのまま一気に解決しようとすると、どうしても物事を言葉だけでとらえてしまう。そして小手先的な解決に陥ってしまう。こういうときにも初歩的・基本的なところに戻って根本的に考えていくということをしなければならない。

≪二つの心、二つの困難≫

ただし、これではまだ問題は十分に解決されていない。現実生活を見ると、初歩的・基本的なことに戻って根本から考えるということがあまりなされていないからである。たとえば、すでに述べたように、創造性はこれまで偉大な創造ばかりを例にして考えられてきた。本書のように初歩的・基本的なところに戻って考えるということはなされてこなかった。仏教の歴史においても釈迦の例のような高度な例ばかりが考えられてきた。

さらに、もっと身近な例でいえば、知識学習の場合、分からないことや疑問に思うことが出てきたとき、基本に戻って考えるということをしないで、あれこれの書物を見たり他の人に聞いたりして答えを得るということがごく普通になされる。このほか、後の章で述べるように、現代の日本では何事も（根本から考えないで）知識によって効率的に小手先的に解決するということが広く一般的に行われているのである。

どうして、こういうことになるのであろうか。一つには、人間が何事も効率的にやろうという心を持っていることが挙げられる。人間は何事についても少しでも前に進もうという心を持っている。これは人間の本性といえよう。このために、どうしても、物事をそのまま直接に解決してしまおうとする傾向が出てくる。

しかし、人間は、もう一つ、正しい解決（すっきりした解決）を得ようという心（本性）も持っている。それゆえ、物事をそのまま直接に解決しようとして難しければ、初歩的・基本的なところに戻って考えるということをする。

結局、我々が（高度の事柄や深い理解に関する事柄においても）初歩的・基本的なところに戻って根本から考えるということをあまりしないのは、これが難しいからである。初歩的・基本的なところに戻って考えていくと、自分の考えと周りの考え、新しい考えと従来の考えというように、いろいろ矛盾したことが出てくる。また考えが壁に突き当たって、どう考えても堂々めぐりに陥るといったことも起こってくる。こうしてジレンマ的な状況あるいは混沌とした状況に陥ってくる。こうなったとき、ここを突き抜けていくのが難しい。多くの場合はここを突き抜けられずに、根本から考えるのを止めて、もとの考え方に戻ってしまう。

ジレンマ的な状況、混沌とした状況に陥ったとき、ここを突き抜けていくためには、未知（無）の中に自らを突っ込ませていくだけのものを持たなければならない。つまり、創造性（内なる知恵、可能性の直覚）を持たなければならない。しかし、高度の事柄や深い理解に関する事柄、つまり自らの無知に無知に陥っているようなところでは、こういうものを持たない。それゆえに、ここをなかなか突き抜けていけない。

《困難から逃げない、「内なる知恵」に信知を得る》

以上をまとめると、「知識や物事を理解する場合、また、現実生活の問題（困難）を考える場合に、初歩的・基本的なところに戻って根本から考えていかなければならない。そして、これはなかなか難しいことではあるが、ここから逃げてはいけない」ということになろう。困難から逃げていては、創造性を向上させることはできない。

どんな困難も、逃げないで考えていけば、必ず解決が得られる（6・3節、7・2節、8・3節）。一歩一歩と努力し、一つ一つ問題を解決していく。つまり、一つ一つ自在の理解を得ていく。このようにすれば、自らの創造性が高まってきて、だんだん物事の全体像（真髄）が分かってくる。こうして、はじめは手も足も出ないと思っていた問題にも、最後には解決（自在の理解、創造）が得られてくる。い、い、い、い、い、い、い、い、い、い、い、い、自らの創造性を高めながら問題を解いていくのである。これがおそらく現実生活では一番有効な方法となろう。

もう一つ有難いことに、我々はジレンマ的状況・混沌とした状況に陥ったときに、ここから逃げないでさらに前に進む「内なる知恵」を持つことができる。この世界には、この世界の全体を作り出し導いている「内なる働き」が内在していると考えることができる（第1章、第4章、第8章）。こういうことを知って、自在の理解を得る（「内なる働き」を身に付ける）という体験を経たならば、この「内なる働き」に信知（体得知）を得る（4・3節）。こういう信知を得たならば、いかなる場合にも未知（無）に踏み込んでいく力（内なる知恵）を得る。この世界を根本から信じられるようになるからである。我々は、自在の理解を得ることによって、創造性を身に付けるだけでなく、この世界に内在する「内なる知恵」に信知を得ることができる。

この世界を根本から信じられることは素晴らしいことである。これによってはじめて、伸び伸びとした本当の創造性を得ることができる。

第4章 創造性向上の理論

この章では第2章で述べた創造性の向上法をさらに突っ込んで理論的に考えてみよう。やや難解な議論になるが、この考察によって自在の理解を得ることの意味と意義が一層よく分かるようになるであろう。広く深く自在の理解を得ると、新しい可能性を生み出すといった不思議な能力を持つようになる。また、現実世界に内在する「内なる知恵」を自らの生活に体現して、生きるべき道をしっかりと持つようになる。こういう重要なことが、これまでは十分に明らかにされずに見逃されてきた。

4・1　世界と一体になる

《「内なる知恵」の本体》

この章でも、第2章と同じように、ごく身近な初歩的な事柄を例に取り、「内なる世界」に注目して考察を進めよう。2・2節で、自在の理解を得ると、意識の働きが全く違ったものになる、すなわち、いろいろな事柄に（全体調和的に）同時に意識が働くようになると述べた。また、こういうことは人間の意識的な能力を超えたことであり、こういう能力を得ることが「内なる知恵」「意識されない知恵」を得ることであると述べた。

この考察をさらに敷衍して考えてみよう。いろいろな事柄に（全体調和的に）同時に意識が働くということは、これらに関する個々の言葉（個々の知識）が切れ目なく連続的に繋がる、全体が合一して一つになるということである。このために、同時にできる、自在にできる、全体をすっきりとつかめるということになる。これに対して、言葉だけの理解では、個々の言葉（個々の知識）がまだ基本的に個別的にある。言葉と言葉の間にはごく限られた有限の繋がり（関係、論理）しか得られていない。このために一つ一つ逐次的にすることしかできない。また、こちらをやれば、あちらに意識が回らないといったことになる。

これから自在の理解を真に特徴づけているものは、「いろいろな知識の連続的な繋がり」であることが分かる。次節で説明するように、この「いろいろな知識の連続的な繋がり」が「内なる知恵」の本体である。

《意識される世界、意識されない世界》

第1章で、創造性（創造性のもと）とは「個々の知識を全体的にまとめて活用していく知恵」であると述べた。いろいろな知識（言葉）が連続的に繋がり一つになると、それまでの個々の知識（個々の言葉）はこの「連続的な繋がり」の上に浮かぶ絵模様のようなものになる（注1）。つまり、知識の「連続的な繋がり」が一つの「知恵の珠」となり、個々の知識はこの珠の上に浮かびこの珠によって操られる絵模様のようなものとなる（第2章の図2・2を参照）。自在の理解（飛躍の体験）を得ると、こういう「知恵の珠」を持つようになる。

（注1）これは、いくつかの雲が繋がって全体的に大きな雲ができるというのに似ている。いくつかの雲（絵模様）が繋がって全体的に大きな雲ができると、もともとの個々の雲（絵模様）は全体的に繋がった大きな雲の中の（部分的な）絵模様になる。個々の知識とはもともと雲（絵模様）のようなものである。現代の生物学では、個々の知識は脳髄内における個々の神経パターンに対応しているといわれるからである。

ただし、人間の意識は、本来、個別的にあるものである。つまり、人間は本来、個別的なものしか意識することができない。このために、自在の理解を得て、いろいろな知識が連続的に繋がるようになっても、これをそのまま意識することができない。やはり、自在の理解を得る前と同じように、個々の知識を個々に意識するだけである。こうして「いろいろな知識の連続的な繋がり、ないしは、その働き」（知恵の珠）が、意識されないもの、意識下に働くもの、内なる力、内なる知恵となる（注2）。

（注2）ここで述べたことは、我々が「かげろう」（陽炎）だけを見て、それを作り出している空気（連続的な繋がり）を見ないというのに似ている。我々は「形を持ったもの」「個別的なもの」のみを意識できて、それらを繋ぐ連続的なもの（形を持たないもの）をそのままの形では意識できないのである。こういう知識のあり方につい

てさらに詳しいことは、8・2節で述べる。

第1章で、創造性を正しくとらえるためには、この世界が「内なる理法とその現れ」というように、二重構造を持つと見なければならないと述べた。右に述べたことから、この意味が理解できるであろう。個々の言葉（知識、意識）の背後には、（意識されない）「内なる知恵」（知識の連続的な繋がり、知恵の珠）が働いている。我々は（無意識のうちに）この「内なる知恵」に導かれて生きている。この「内なる知恵」を大きく育てれば（すなわち、多重多面的な「知識の連続的な繋がり」を得れば）、高い創造性が出てくる。

≪ 現実に一致した知識を得る ≫

自在の理解を得ることにはもう一つ重要な意味がある。自在の理解を得たときの姿を、2・2節で述べた自転車の例によって、もう少し詳しく見てみよう。自転車に上手に乗れるようになったときには、自転車にまたがる、身体のバランスを取る、肩の力を抜く、両足に適当な力を入れる、……といった個々の動作が自在に働くもの、つまり、互いに連続的に繋がったものになっている。あるいは、肩、手、足、身体、自転車、大地、地球の重力、……といった個々のものが自在に働くもの、つまり、互いに連続的に繋がったものになっているともいえる。このように「いろいろな事柄の連続的な繋がり」を得てはじめて、「自転車に乗る」という事実（実体）が現実世界に実現する。

このように考えると、自在の理解（いろいろな知識の連続的な繋がり）を得ることによって上手に自転車に乗れるようになるのは、このときに（頭の中の）知識の在り方と現実世界のものの在り方（自転車に乗るという事実の在り方）とが一致するからであるということができる。

これは一般化すれば次のようになる。現実に存在するものは皆、（内在的には）他のものの連続的な繋がりによって作られたものとしてある。それゆえに、自在の理解（いろいろな知識の連続的な繋がり）を得てはじめて、正しい知識（現実に一致した知識、現実の中で自在に働く知識）を得る。たとえば「自転車に乗る」という事実は、（右に述べたように）いろいろな動作あるいはいろいろなものの連続的な繋がりによって作られたものとしてある。これは、自分が自転車に乗るという事実に対しても、他の人が自転車に乗るという事実に対してもいえる。それゆえ、自転車に乗ることに自在の理解を得てはじめて、他の人が自転車に乗るという事実（外の世界の事実）を正しく理解することができる。同じようなことはすべての事柄についていえる。

これに対して、言葉だけの理解のときには、個々の知識が個別的にあって、現実世界の（連続的な）在り方に一致していない。知識が（現実世界から切り離された）頭だけの知識になっている。知識が現実世界の中の目に見えるところ（現れ、表面、個別）だけをとらえたものになっている。現実世界の真髄（いろいろなものの連続的な繋がり）を取り逃がしている。このために現実世界の中ではうまく働かない。

⟪ 現実世界と一体になる ⟫

このように考えると、自在の理解を得ることの重要な意味が一層よく分かるであろう。何事においても、自在の理解を得ると、現実に一致した知識（現実の中で自在に働く知識）を得る。すなわち、我（意識の世界）と現実（外の世界）とが（内在的に一致して）一体となる。たとえば、自転車に上手に乗れるようになると、自転車に乗ることが「自分のもの」（自分の内にあるもの）となる。あるいは「我」が自転車に乗ることそのものになる。それゆえに、自在の理解を得ると、物事の真髄をとらえ、真の納得を得、真の自信を得る（第2章）。

これに対して、言葉だけの理解では、何事にも知識が（現実から切り離された）頭だけの知識になっている。たとえば、自転車に乗れないときには、自転車に乗ることを（一つの形として、あるいは、身体のバランスを取る、肩の力を抜く、……といった個々の動作の組み合わせとして）頭だけでとらえている。自転車に乗ることが自分のものとはなっていない。このために、言葉だけの理解では、物事を自分の外において、表面的に個別的に見るということになる。我と物事（自転車に乗ること）とが分離している。これでは物事を正しく理解できないし、真意もつかめない。また、心も通い合わない。さらに現実の中で何かをやろうとしてもうまくいかない。こうして自信も出てこないことになる。

《ありのままに見る、真実を見る》

一般には、誰でも物事をありのままに見ていると思っている。しかし、これは大きな誤りである。真実（ありのままの世界）とは、自在の理解（いろいろな知識の連続的な繋がり）を得てはじめて見ることができる。つまり、真実とは、いろいろな事柄をすべて同時に見る（すべてに同時に意識が働く）ようになって、はじめて見ることができる。こういうことは意識的にはできないことである。言葉だけの理解ではできないことである。

《未知の世界を直覚する、物事を内側から見る》

最後にもう一つ大事なことがある。自在の理解を得ると、目に見える世界を越えて、意識されない世界、未知の世界を直覚できるようになる。右で、自在の理解を得ると、ありのままの世界を見ることができると述べた。ありのままの世界には、既知の事柄だけでなく、未知の事柄も含まれている。ありのままに見るとは、未知を含めて見るということと同義である。言葉だけの理解では、既知の事柄しか見ることができない。

自在の理解を得ると、我（意識の世界）と現実（外の世界）とが（内在的に一致して）一体となる。現実の世界とは、すべてのものが無数に繋がり合った連続・無限の世界である。ここには意識されない世界、未知の世界が含まれている。かくて、自在の理解を得て現実の世界と一体となると、意識されない世界、未知の世界を直覚できるようになる。

現実世界に存在するものは皆、内在的な連続的な繋がりによって作り出されている。自在の理解を得ると、現実世界をありのままに見ることができる。つまり、現実世界の「内在的な連続の世界」を直接見ることができる。自在の理解を得ると、現実世界を内側から見ることができる。これが、物事の真髄をとらえる、真意をつかむ、ということである。言葉だけの理解では、物事の表面しか見ることができない。

4・2　新しい可能性を生み出すところ

この節では、「いろいろな知識の連続的な繋がり」が新しい可能性を生み出すという性質を持つことを示そう。これによって、確かに「いろいろな知識の連続的な繋がり」が「内なる知恵」の本体（創造性の源）になっていることが分かるであろう。前にも述べたように、新しい可能性を生み出す（無から有を生み出す）という能力は不思議な能力である。この節ではこの起源を明らかにする。

≪言葉だけの理解からは創造性が出てこない≫

話を分かりやすくするために、まず、言葉だけの理解からは創造性が出てこないことを示そう。次のような仮想的な話を考えてみよう。あまり良い例ではないかも知れないが、筆者の言わんとするところは分かるであろう。

いま、自転車に乗れるということも、自転車に乗る人がいるということも知らない人、つまり、自転車について何も知らない人がいたとしよう。この人に自転車を見せて、これに乗ってみよと言ったとする。この人はいろいろ試し乗りをしてみるであろう。しかし、自転車は左右に傾き、うまく乗れない。そこで、この人は考える。机にしろ、椅子にしろ、三点以上では支えることができるが、二点では倒れるに決まっている。これは立体幾何学の定理である。したがって、自転車には乗ることができない。こう結論するであろう。

ところで、もしこの人が綱渡りの名人か何かで、バランス感覚に優れた人であったならば、どうなるであろうか。こういう人ならば、自転車の試し乗りをしたとき、「おや、何かいけそうだ」をいうものを感じ取るであろう。そして、さらにいろいろ試し続けていく意欲を得て、遂には自転車に乗れるようになるであろう。

この話から、言葉だけの理解をもって、理屈（論理）だけの考え方をしていると、たとえ（自転車に乗るというような）新しい事柄に挑戦したとしても、そこに潜む未知の可能性に気づくことができないことが分かる。むしろ論理だけの考え方では、「そういうことはできない」というように未知の可能性を断定的に否定してくる。論理だけの人（理屈だけの人）は、未知の可能性に対して極めて冷淡である。これは当然である。理屈（既知の知識）だけで考えるならば、未知の事柄はすべて不可能なことに見えてくるからである。論理だけにしたがっていては、創造はできないのである。

創造をするためには、論理を超えて、何かを感じ取ってこなければならない。何かを感じ取ってくれば、うまくいくかどうか分からないことにも興味を覚えて、さらに追求していく意欲を得る。そして遂には新しいものを生み出してくる。

論理だけからは創造性は出てこない

論理的な思考だけからは創造性が出てこないことは、次のように考えても分かる。論理的な思考では、最初に個々の言葉の意味を定義しておいて、これをもとにいろいろな事柄を考えていく。たとえば、ニュートン力学では、最初に物体の質量、万有引力、力と加速度の関係などを定義しておいて、これをもとにいろいろな運動を考えていく。もう一つ論理的な思考の特徴は、このようにいろいろな事柄を考えていく過程において、最初に定義した個々の言葉の意味は変化しないとすることである。これは論理思考としては当然のことである。いろいろ考えを進めていく中で言葉の意味が変わってきては、論理思考がめちゃくちゃになってしまう。しかし、この特徴のために論理思考からは創造性が出てこないということになる。

これは論理思考と機械とを対比して考えるとよく分かる。機械には、いろいろな部品や材料が使われている。これらの性能は使われ方によって変化しない。たとえば、自動車に使われているトランジスタも、飛行機に使われているトランジスタも、規格が同じであれば、働きは同じである。鉄、銅、プラスチックなどの材料についても同じことがいえる。機械の中の部品や材料は、どういう使われ方をしても、はじめに規定された不変の性能をもって働くだけである。これも当然のことである。部品や材料の性能が使われ方によって変わるようでは、機械を設計するときに困るであろう。どういう使われ方のときにも同じ性能を発揮するというのが、高品質の材料や部品の条件である。

これから論理思考と機械とでは、どちらにおいても、構成部品（論理思考では言葉や論理、機械では部品や材料）がはじめに規定された不変の性質をもって相互に関係し合うだけということが分かる。論理と機械とはこの点で同じ性格を持つ。ところで機械からは創造性が出てこない。それゆえ論理思考からも創造性は出てこない。

ただし、誤解のないように断っておくが、これまで述べたことは論理一般を否定しているのではない。論理だけの思考、形だけの論理がいけないといっているのである。論理は大切なものである。自在の理解を得ると、活きた言葉、活きた論理を得る。こういう活きた言葉、活きた論理は極めて創造的である。本書で強調していることは、こういう活きた言葉、活きた論理を得なければならないということである。

≪新しい可能性に気づいてくる力≫

さて、これからいよいよ、自在の理解（活きた言葉、活きた論理）を得ると、創造性が出てくることを考えよう。自在の理解を得ても、我々は、それまでと同じように言葉によって知り、言葉によって考えている。しかし、このときには、いろいろな知識の連続的な繋がりを身に付け、いろいろな事柄に

（相互調和的に）同時に意識が働くというようになっている。

こういう能力を身に付けたことによる第一の効果は、いろいろな事柄を真に繋ぎ合わせて考えられるというところに出てくる。このように考えられれば、矛盾（新しい問題）や新しい関係（新しい繋がり、新しい可能性）が見つかってくる。つまり創造性が出てくる。

たとえば、自由と平等は人間社会において大切なものである。しかし、これらは互いに矛盾した概念である。自由を強調すれば、平等が損なわれ、平等を強調すれば、自由が抑圧されるからである。しかし、自由とか、平等とかを別々に切り離して考えていると、自由が大切、平等が大切ということが、ともに当たり前のことのように感じられて、ここからは何の不審の念も出てこない。物事は個々に切り離して考えていると当たり前に見えてくる。ところが、これらを互いに繋ぎ合わせて考えていくと矛盾が見えてくる。

もともと「矛盾」という言葉自身が、同じような事情から生まれてきている。よく知られるように、この言葉は中国の故事から生まれてきた。世界一の矛（ほこ）と世界一の盾（たて）を売る商人がいたという話である。「この矛はどんな盾をも突き破ることのできる世界一の矛である」。「この盾はどんな矛をも防ぐことができる世界一の盾である」。こういって商人は街頭で「矛」と「盾」を売っていた。そのとき見物人の一人が、「それでは、その矛でその盾を突けばどうなるのか」と尋ねた。商人は答えに窮した。「この矛は世界一の矛である」「この盾は世界一の盾である」といったことも、それぞれ個別に切り離して考えていれば、何の矛盾も感じられない。しかし、これらを繋ぎ合わせて考えていくと矛盾が出てくる。

ここで注意すべきことは、言葉だけの理解では、物事を真に繋ぎ合わせて考えることができないということである。こういうことは誰にでもできることのように思われる。しかし、決して、そうではない。言葉だけの理解では、こちらを考えているときには、あちらを忘れ（あちらに意識の働きが及ばず）といったことになっている（２・２節）。あるいは、これを考え、次にそれを考える、というように、一つ一つ逐次的に考えるということになっている（２・２節）。これでは、個々の瞬間を見れば、いつも一つのことを意識しているだけである。これでは物事を真に繋ぎ合わせて考えることができない。言葉だけの理解のときには、我々は無意識のうちに物事を個々に切り離して見ているのである。このために矛盾があっても何も感じてこない。すべてが当たり前に見えてくる。

いろいろな事柄を真に繋ぎ合わせて考えられるためには、これらを同時に意識できなければならない。こういうことは自在の理解を得てはじめて可能になる（２・２節）。言葉だけの理解のときとは反対に、自在の理解を得ると、我々は無意識のうちにいろいろな事柄を真に繋ぎ合わせて（同時に）考えていくのである。そういう能力を我が身に付ける。ここから（自然に、無意識的に）創造性が出てくる。

《新しい可能性を生み出す力》

いろいろな事柄に同時に意識が働くという能力を身に付けたことによる第二の効果は、真の意味の「考える力」を持つ（２・３節）というところに出てくる。つまり、全体をとらえて、全体的なイメージ（自分なりの考え）を持って、あれこれと個々のことを考えられるようになる。ここから新しい考え（新しい可能性）が生まれてくる。いろいろな物事を（同時に）真に繋ぎ合わせて考えることは、いろいろな物事をあれこれと深く徹底的に考えることに通じ、これによって新しい可能性を生み出してくるのである。

前に、論理だけの思考からは創造性が出てこないと述べた。これに対して、右に述べたように「全体をつかんで、あれこれと考える」という思考をすると、創造性が出てくる。では、これらの思考の間にはどのような違いがあるのであろうか。詳しいことは8・2節で考察するが、簡単には以下のように考えることができる。

論理だけの思考では「こうなればああなる」「ああなればそうなる」というように一つ一つ逐次的に考えていく。つまり、論理だけの思考では、個々の知識が基本的なものとしてあって、思考はこれらを一つ一つたどっていくだけである。これに対して、全体をとらえて考えるときには、全体をもとにして、個々のことを（系統的な論理とは関係なく）あれこれと考えていく。つまり、このときには、全体が基本的なものとしてあって、個々のことは「全体の中に含まれるもの」（全体的な相互関係に応じて変化するもの）となっている。ここに本質的な違いがある。後者のような考え方をすると新しい可能性が生まれてくる。

全体をとらえる、つまり、いろいろな物事に同時に意識が働くようになると、いろいろな物事が全体的に緊密に絡み合うようになる。こうなると、あるものが変化したとき、この影響が他に伝わり、これによって、他のいろいろなものの意味（位置づけ）も変化してくる。いろいろなものの意味が変化してくるということは、ここに新しい意味が付け加わってくる、つまり、新しい可能性が生まれてくるということである。自在の理解を得ると、こういうことが頭の中で（無意識のうちに）自然に起こる。そういう能力を身に付ける。論理だけの思考では、このような個々のものの意味が変化するということは全く起こらない。

真の意味の「考える力」を持って、全体的にあれこれ考えると、言葉の外見的な形（記号としての言葉自身）は変化しないが、その意味はどんどん変わってくるのである。一つ分かりやすい例を挙げてみよう。会議などでいろいろ話し合っていると、話の内容が深まり、これにつれて言葉の意味も変化してくる。「ああ、いろいろ議論しまして、大分すっきりしてきましたなあ。しかし、これ（ある言葉）は、はじめに考えていたものとは大分意味が変わってきましたなあ」などといったことになる。

《問題の直覚と可能性の直覚》

以上から、いろいろな知識の連続的な繋がりを身に付け、いろいろな事柄に同時に意識が働くようになると、新しい可能性を生み出す力を持つようになることが分かったであろう。新しい可能性を生み出す力を持つということは、まさに創造性を持つということである。もちろん、こういうことは（すでに強調してきたように）無意識下で起こる。こういうことは意識的にはできない。「いろいろな知識の連続的な繋がり」とは、「内なる知恵」である。

ここで、もう一つ興味深い事柄として、新しい問題（矛盾）と新しい可能性とは別々に気づかれてくるのではないことを示しておこう。もともと、新しい問題に気づいてくることと、新しい可能性に気づいてくることとは同じことなのである。

「どうもおかしい」「どうもよく分からない」というように不審、疑問を感じてきたときには、必ず（今の自分の理解を超えた）新しい可能性を感じ取ってきているから、これをもとに今の自分の理解に限界が感じ取られ、「どうもおかしい」「よく分からない」という気持ちが出てくるのである。新しい可能性を感じ取らなければ、今の自分の理解が当然のこととして意識され、「どうもおかしい」「よく分からない」という気持ちは出てこない。新しい可能性に気づくことと、新しい問題に気づくこととは、一つの事柄の表裏である。実際の生活では、どちらの側面が強く意識されてくるかの違いがあるだけである。

新しい可能性と新しい問題が同時に気づかれてくることは、次のようなことを考えるともっとよく分かる。第1章で、高い創造性を得ると、「難しいが、考えずにおられない」「苦しいが、面白くて仕方がない」というように、相反する心が伴って出てくると述べた。こういうことは、一見、不思議なことに見える。しかし、右のように考えると、当然のこととして理解できる。「難しい」「苦しい」という心は、自分の理解に限界（問題）を感じ取るところから出てくる。一方「考えずにおられない」「面白くて仕方がない」という心は、新しい可能性を感じ取るところから出てくる。これらはどちらも同じところから出てくる。

2・3節で、「自分のよく分かっていないところ」に自分で気づいてきたときには、これを追求していく意欲と能力が出てくると述べた。これも同じように考えることができる。「自分のよく分かっていないところ」、すなわち、新しい問題に気づいてきたときには、新しい可能性も感じ取っている。それゆえに追及の意欲と能力が出てくる。

《現実世界と「内なる知恵」》

これまで述べてきたことを一般化して考えると、現実世界も新しい可能性を生み出す力を持つ、つまり「内なる知恵」を持つと考えることができる。現実世界も連続的に繋がったものとしてあるからである（4・1節）。これは、考えてみれば、それほど驚くことではない。これまで自然にはいろいろな創造が生まれてきている。たとえば原始地球における生命の誕生は明らかに自然の創造である。その後の生物の進化も自然の創造といえる。人間の誕生も、その後の人類の諸活動、社会的発展もこの一環としてある。

この世の中に新しい可能性が生まれてくるとすると、どんな基本原理、どんな教説も絶対に正しいということはあり得ないということになる。どんな事柄にも、そこに新しい可能性が生まれてくれば、限界（矛盾、問題）が現れてくるからである。我々は一般に、多くの事柄を正しいと信じ、当たり前のことと思っている。しかし、このように当たり前と思うのは、まだそこに新しい可能性が生まれてきていない、ないしは、新しい可能性に気づいていないだけなのである。時代（考え）が進み、新しい可能性が生まれてくれれば、今はどんなに明白に見える事柄にも矛盾が現れてくる。

第1章で「新しい可能性や新しい問題は見える人にだけ見えてくる」と述べた。広く深い自在の理解を得れば、至るところに新しい可能性や新しい問題を感じとってくる。一方、言葉だけの理解を持つ人には、すべてが正しいこと、当たり前のことに見えてくる。創造性を持つか持たないかで、見る世界が全く違ってくる。

（注）この世界に「内なる働き」「内なる知恵」が内在するなどというと、何かしら宗教的なうさんくささを感じる読者もあるかも知れない。しかし、本書では事実に基づいて考察を進めている。むしろ本書のようにしっかりした哲学を持つことが重要である。そうでないと、この世の中には不思議なことがいろいろあるので、かえって非合理的な考え方やえせ宗教に取り込まれ、そのとりこになるといったことも起こってくる。

4・3　生きるべき道を知る

前節では、自在の理解を得たときに我が身に付ける「内なる知恵」のほかに、現実世界に内在する「内なる知恵」があることを述べた。最後にこれらの関係を考えてみよう。

自分を内側から導くもの

まず自在の理解を得ると「自らを内側から導く力」を得るということから考えよう。自在の理解を得ると、「全体をすっきりととらえた上で、個々のことを考えられる」ようになる（2・2節）。もっと正確にいえば、「全体をすっきりととらえたうえで、全体がうまくいくように、個々のことを考えられる」ようになる。これは、見方を変えれば、自在の理解を得ると「自らを内側から導く力」を得るということである。

自転車の例の場合、自転車に上手に乗れるようになると、「自転車に乗る」という全体をとらえて、これがうまくいくように、個々のこと（肩の力を抜く、身体のバランスを取る、……など）を考えられるようになる。このために、いったん自転車に乗れるようになると、道が凸凹していても、雨の日に傘をさしたりしながらでも、うまく自転車に乗れる。さらには、曲乗りをする、一輪車に乗るといったこともできるようになる。

もっと分かりやすい例として、ピアノの演奏を考えてみよう。ピアノを上手に演奏できるようになると、曲の全体的な流れ（全体）ないしは曲の味わい（全体の真髄）といったものをとらえて、これが一層魅力的になるように個々の演奏をするようになる。こうして、個々の演奏が、あたかも曲の全体的な流れ、ないしは、曲の味わいに導かれるかのようになる。演奏が上手になると、このように個々の演奏を導く「内なる知恵」を得るのである。これによってますます演奏が上手になっていく。世にいう「芸術的な演奏」というものもこういう「内なる知恵」に導かれてなされる。

知識学習についても同じようなことがいえる。たとえば熱現象をひとまとめにしてすっきりと理解できるようになると、こういう全体を念頭において、この全体が一層よく理解できるように、熱、仕事、温度、エントロピーなどの個々の事柄を考えるようになる。これによって個々の事柄の理解も深まり、全体的な理解も深まって、一層よく理解できるようになる。基礎科学における優れた研究も、こういう「内なる知恵」によってなされる。高い研究能力、学問的才能といったものも、こういう「内なる知恵」から出てくるのである。

言葉だけの理解のときには、こういうことは全くできない。こういうときには全体をとらえるということができないからである。たとえば、ピアノ演奏の初心者は、個々の楽譜だけを頼りに、一つ一つ楽譜どおりに演奏するだけである。自転車に乗るという例でも、自転車に乗れないときには、習ったこと（身体のバランスを取る、肩の力を抜く、など）だけを頼りに、一つ一つ習ったとおりにするだけである。知識学習の場合も同じである。習ったことだけを頼りに、習ったとおりに考えていくだけである。言葉だけの理解のときには、こういうことしかできない。これまで強調してきたように、言葉だけの理解では、先例のとおりにする、真似をする、ということしかできないのである。

右に述べた例から、言葉だけの理解のときと自在の理解を得たときとでは、「自分の内側から湧き出してくる能力」（内なる知恵）に大きな差が生じてくることがよく分かるであろう。芸術的な才能とか、学問的な才能といったものも、後天的に自在の理解を得るという努力によって身に付けることができるのである。しばしば、こういう能力は先天的な才能のようにいわれる。もちろん先天的な才能も重要であろう。しかし、多くの部分は後天的に身に付いてくる。「才能一分、努力九十九分」というようなことがいわれるのも理のあることなのである。

《生きるべき道》

自在の理解によって得る「内なる知恵」とは、我々の自主性、主体性の源である。我々はこういう知恵を持ってはじめて、自らの生きるべき方向や価値を定めることができる。こういう知恵を持たない限り、我々は永遠に「迷える子羊」になる。

2・5節で若き頃の末川博の体験を紹介したが、筆者も若い頃同じような悩みに陥ったことがある。自分はどのように生きていけばよいのか。人生の価値はどこにあるのか。「世の中のため」といっても、その世の中に生きる人々が快楽的で利己的に生きる人々ばかりであったなら、そういう世の中のために生きることにどれほどの価値があるのであろうか。自分だけでなく、この世の人々をも導く絶対的な価値がいる。私は人生の価値、人生の究極の目的といったものを求めていろいろ考えた。西洋哲学には、これが科学の論理に近いこともあって、ひどく惹かれた。しかし、ここには真理を認識する方法や生きる方法は示されていても、生きる目的（の根拠）は示されていなかった。

結局、当時においては、私はとうとう、すっきりした答えを得ることができなかった。「価値というものには絶対的なものはないのであろう。それは人間の主観（本能や理性）によって決まっている。せいぜい歴史的な経験が参考になる程度のことだ」といったところに留まって、それ以上に前には進めなかった。

人生の目的、人生の価値といったものは、心の内側から出てくるものである。外から与えられるものではない。外に答えを求めようとしてもうまくいかなかったのである。自在の理解を得て「内なる知恵」を得れば、自ずから人生の方向は定まってくる。先に挙げた例からも分かるように、どんな事柄においても、自在の理解を得れば、「内なる知恵」(自らを内側から導く知恵)を得る。大きな事柄に自在の理解を得れば、大きな「内なる知恵」を得る。これによって自らの生きるべき道を見いだすことができる。釈迦は「生と死の矛盾」を越えて、全く新しい人間の生きるべき道を見いだしたのである。

《「内なる働き」を身に付ける、「内なる働き」に真知を得る》

自在の理解によって得る「内なる知恵」は、どこから出てくるのであろうか。それはこの現実世界自身から出てくる。現実の世界は連続的な繋がりとしてある(4・1節)。ここには「新しい可能性を生み出す力」「全体を調和的にまとめていく力」、すなわち「内なる働き」「内なる知恵」が内在している(4・2節)。自在の理解を得ると、現実の世界と我とが(内在的に一致して)一体となる(4・1節)。それゆえ、現実世界に内在する「内なる知恵」が我が身に移ってくる。これが我が身を導く。自在の理解によって得る「内なる知恵」によって生きることは、この世界に内在する「内なる知恵」によって生きることなのである。

右に述べたことから二つの重要なことが分かる。第一は、自在の理解を得ることによって、この世界に内在する「内なる働き」を身に付けられるということである。これによって個人的な能力（創造性）を高めることができる。第二は、自在の理解を得ることによって、この世界に「内なる働き」「内なる知恵」が内在していることに、信知（真知、体得知）を得ることができるということである。第二の点は、これによって個人的な能力の限界を超えられるという面から重要である。この世界に内在する「内なる働き」に信知（真知）を得ると、この世界の在り方に信愛を得て、この世界の全体を自分の内なるものとすることができる。これによって、自分の力を超えた力を得て、容易に自分の力を超えて生きられるようになる。

第3章の最後のところで、この世界に内在する「内なる知恵」に信知を得ることが現実の生活では重要であると述べた。自在の理解を得ると、確かに、こういう信知を得ることができるのである。自在の理解を得ることはこの世界に内在する「内なる知恵」を我が身に付けることであるからである。

第5章 知識学習と創造性の向上法

これまでは創造性の向上法を原理的な面から考えてきた。これからは現実の生活に沿って具体的に考えてみよう。まずこの章では大学における講義や書物による学習を念頭において考えよう。最後には小中学校などの初等教育における創造性の向上法についても考える。

5・1 知識学習の到達目標

《知識学習の到達目標》

はじめに、大学における学習の到達目標というものを考えてみよう。大学での学習の目標は、高度な知識を得ることだけにあるのではない。むしろ、真の目標は、高度な知識の学習を通じて、自然、社会

図5-1　自在の理解（飛躍の体験）を得る

の全体的な脈絡をつかみ、その真髄をつかむことにある。これによって、自らの拠って立つところを知り、自らの進むべき道を知り、その道を進む力を得る。せっかく大学に入っても、この「真髄をつかむ」ということをしなければ何にもならない。

一般に、最近の大学生諸君は「本当の勉強の仕方」というものを知らないように見える。何でもかでも「言われたとおりに、書物に書いてあるとおりに、素早く理解して覚えよう」とする。確かに、最初はこういう勉強も必要である。しかし、いつまでもこういうことばかりしていてはいけない。大体の概略を知ったならば、次は、自在の理解を得る（全体をすっきりとつかむ、真髄をつかむ）ということをしなければならない。

自在の理解を得ることとは、学習の初期の段階では、それほど大層なことではない。すっきりしないという気持ちが出てきたとき、この機会をつかまえて徹底的に考えていけばよいのである。

特に、一度でもよいから、大きな（心に残るような）自在の理解を得る体験、すなわち、すっきりしないところを感じてきて、自分で徹底的に考え、あるとき「あっ、なるほど、分かった」というところに至るという体験をすることが大事である。こういう体験を経ると、生きる世界が変わってくる。これによって、世界はどうあるか、知識とは何なのか、真髄とは何なのか、考えるとはどういうことか、といったことについて特有の直覚を持つようになるからである。こういうものは言葉で聞くだけでは分からないのである。自分で体験して実際につかみとって、はじめて分かる。

自在の理解を得ることには、形式的に見て、次の三つの段階がある。自然の理解の場合、まず、熱とはこういうものだ、化学結合とはこういうものだ、量子論とはこういうものだ、というように、個々の言葉について自在の理解を得る。次いで、熱力学とはこういうものだ、というように個々の分野について自在の理解を得る。最後に、自然とはこういうものだというように、自然を全体的にすっきりとつかむ。社会の理解についても同じことがいえる。まず、大学、会社、人間関係といった個々の事柄について自在の理解を得る。次いで、政治、経済といった分野について自在の理解を得る。最後に、社会を全体的にすっきりとつかむ。実際はこういうことを何度も繰り返していく。

《「意識されない世界」と交流して生きる》

心の充実という面から考えてみよう。「言われたとおりに、書物に書いてあるとおりに、素早く理解して覚える」といった学習では、物事の表面的な姿（結果）を見るだけで、それを成り立たせているもの（全体的な繋がり、可能性の世界）を見ることができない。意識の働きが「意識される世界」に留まる。これでは物事の意味や意義をつかむことができない。こうして、たとえ新しいことや深い意味のことを学んでも、「ああそうか」と思うだけで、何の感動も生まれてこない。大学生諸君の中には「何のために勉強するのか」と問う者がいる。こういう問いが出てくるのは、おそらく学習に何の感動も感じられないからであろう。理解するだけの学習では、全く感受性を失ってしまう。

これに対して、自在の理解を得る努力を続けると、自然に（無意識的に）いろいろなことに興味、関心が出てきて、また、いろいろなところに「よく分からない」と思うところが出てきて、頭の中が興味、関心、不審、煩悶、意欲、情熱などで一杯になってくる。第1章で述べたように「考えずにはおられない」「面白くて仕方がない」というようになってくる。自在の理解を得ると、「内なる知恵」（全体をすっきりとつかむ力、いろいろな事柄に同時に意識を働かせる力、新しい可能性を生み出してくる力）を得る。これが無意識下で働くからである。

一般に人はどういうときに一番幸せであろうか。少なくとも「考えずにはおられない」「面白くて仕方がない」と思っているときが、最も充実したときといえるであろう。理論的に考えても、このときが最も理想的な状態にいるのである。頭の中が興味、関心、不審、煩悶、意欲、情熱などで一杯になっているとき、人は「意識されない世界」（内なる知恵）と最も頻繁に交流して生きている。これから最も多くの恩恵を受けて生きている。これ以上の状態がほかにあるであろうか。

我々はこれまで「意識されない世界と交流して生きる」ということを意識しない（知らない）で生きてきた。しかし、ここにこそ真実の生（真の実存）があるのである。我々の目標はこういう生を生きることにある。

5・2　悪循環からの脱却

《ハンディを背負った大学生諸君》

大学生諸君を念頭において創造性の向上を考えたとき、まず大きな問題として浮かび上がってくるのが、大学生諸君の多くがそれまで長い間、知識ばかりを頭に詰め込む「受験勉強」をしてきたということである。第3章で述べたように、こういう生活をしていると悪循環に陥る。そうだとすれば、大学生諸君の多くはすでにこういう悪循環に陥っているといわなければならない。

思うに、受験勉強ほどひどい学習法はないであろう。確かに「頭で理解して覚える」といった学習でも、試験では結構良い点数を取ることができる。むしろ、試験で良い点数を取るためだけならば、言葉だけの学習をした方が有利ともいえる。自在の理解を得るなどともたもたしたことをしていては、かえって受験勉強の害になる。実際に、最近の予備校などでは、数学でさえ「考えていないで、覚えろ」と教えるという。

大学生諸君はこういう勉強をして大学に入ってくる。今の大学生諸君は、創造性の向上という面からは、相当に大きなハンディを背負っている。しばしば「最近の大学生は、自主性、主体性、勉学意欲を失っている」といわれるが、こういうことになるのも当然なのである。思えば、今の大学生諸君は、現在の教育・受験体制の犠牲者である。

もちろんこういう状況からは一刻も早く脱出しなければならない。そもそも大学生といえば、夢と希望に燃え、広く開拓的、探求的に生きる年代なのである。

≪一歩一歩の努力≫

では、悪循環から脱却するためにはどうすればよいか。これについては第3章で述べた。少し繰り返しになるが、もう一度考えてみよう。悪循環に陥ったとき一番問題になるのは、自分の理解の限界（よく分かっていないところ）に気づけなくなることである。つまり、不審、疑問、興味、関心、意欲等が出てこなくなることである。

こういう状況から脱却するためには、まず、自分の理解の限界（すっきりしないところ）に気づけるようにならなければならない。言葉（理屈）で「分かった」と思うところに不審、疑問を感じてくるようにならなければならない。言葉による説明や解釈だけでは満足できないものを感じてくるようにならなければならない。このためには、日頃の問題をとらえて、初歩的・基本的なところから一歩一歩と自在の理解（飛躍の体験）を得ていくということをしなければならない（第3章）。こういう努力をしない限り悪循環はいつまでも続く。

日頃大学生諸君と話していてしばしば感じることは、「新しいこと、難しいことはいろいろ知っているが、それらの知識がひどく曖昧である」ということである。しかも「そういう曖昧な知識を持ちながら、何ら気にするところがない」ということである。どうしてなのかと不思議に思うが、これはおそらく自分がそういう曖昧な知識を持っていることに気づけないからであろう。それゆえこれを克服しようという気持ちも出てこない。頭で理解するという学習ばかりしていると、「まことに歯がゆい、しかし、言っても分からない、どうしようもない状態」（第3章）に陥るのである。

大学生諸君はしばしば「これまで苦しい受験勉強をしてきた。将来、就職すれば好きなことができなくなる。大学生の間が唯一の自由の時間だ」などという。こういう気持ちも分からないではない。しかし、真の実力を身に付けずに社会に出れば、社会の中で、やはり面白くない、自信のない生活を続けなければならない。大学生の間につかの間の自由を楽しめたとしても、これではその後の人生が真っ暗である。人生とはもっと気を入れて真剣に考えてみるべきものである。

勉強（あるいは人生）が面白くなく見えるのは、本当に勉強や人生が面白くないからではない。面白さを感じ取る「内なる心」「内なる知恵」がないからである。自在の理解を得て、物事の真意をつかむようになれば、どんな事柄も「自分のもの」として感じ取れるようになる。そして強い興味、関心が出てきて、大きな困難にも撃破していこうという強い心が出てくる。これでこそ創造的・探求的に生きることができる。

《 分かろうとするのでなく、疑う 》

悪循環から脱却するためには、もう一つ重要なことがある。それは、「よく分からない」といった気持ちが出てきたとき、これをいつまでも「頭で分かろう」とばかりしていてはいけないということである。

一般に、よく分からないところが出てきたとき、人は何とかこれを頭で分かろうとする。学生諸君も、教科書に書いてあることだから正しいのだろう、偉い人の言っていることだから正しいのだろうと思って、何とか頭で分かろうとする。それでも分からなければ、無理やりに屁理屈をこじつけてでも分かってしまおうとする。

しかし、これではいつまで経っても「全体をすっきりとつかむ」というところには至れない。「よく分からない」と思うところが出てきて、いろいろ考えてそれでも分からないときには、ひるがえって「本当にそうか」「何故そうなのか」と疑っていかなければならない。そして、もう一度初歩的・基本的なところに戻って、自分の頭で徹底的に考えていく。このようにすれば必ず「全体がすっきりと分かる」ところに至る。

逆説的に見えるが、正しいと思う知識について正しい理解を得ようと思うならば、この知識を（はじめから）正しいと信じてかかってはいけないのである。疑っていかなければならない。真底から疑って、考えて、最後に真の納得を得る。このとき本当に正しい理解を得る。「よく分からない」ということは、見方を変えれば、自分には「納得できない」ということである。この「納得できない」という自分の内なる心を大切にして、学ぼうとする知識（外から入ってきた知識）を（納得がいくまで）疑っていくのである。

これまで多くの人々がこの点で間違いを犯してきた。こういう間違いをするのは学生諸君だけではない。広く一般に見られることなのである（第3章）。

一つ例を挙げてみよう。第3章で創造性の向上が求めるところと仏教の求めるところとは基本的に同じであると述べた。仏教も「真実に目覚める」つまり「正しい理解を得る」ことを主眼とするのである。仏教では「寂静」（心がすっきりした状態、迷いのない状態）が理想の状態であるとされる。このために仏教の解説書などでは、しばしば「山中における自然な生活」など、どちらかといえば「平凡な、生気を失ったような生活」が理想の状態であると説かれる。しかし、これは仏教の真髄を誤解したものであろう。平凡な生活は、どれだけ言い飾ってみても、やはり平凡である。では、どうして、こういうことになったのであろうか。

仏教の教説は長い歴史にわたり多くの聖人によって受け継がれてきた。後継の人は「寂静とはどういうことか」と考えたであろう。こうしていろいろ考えた結果、「山中における自然な生活」などが理想の状態であるという結論に達した。これが考え抜いた末の結論であることは、こういうことが堂々と書物などに説かれているのを見れば分かる。しかしこれは仏教の考え方を誤解したものである。仏教の説く「寂静」とは、もともと意識されない世界に関するものである。こういうものを頭で理解しようとしたところから（あるいは頭でしか理解できなかったところから）誤りが生じた。どれほど考え悩んでも、先人の言葉を正しいと信じてこれを頭で理解しようとしている限り、言葉だけの理解（表面的な理解）しか得られないのである。先人の言葉の真髄をとらえようと思うならば、思考の過程で一度はこれを真底から疑う（そして真の納得を得る）ということをしなければならない（注）。

（注）本書では、先に述べたように、頭の中が興味、関心、不審、煩悶、意欲、情熱などで一杯になっているとき、つまり「難しいが、考えずにはおられない」「苦しいが、面白くて仕方がない」と思っているときが理想の状態であると考える。こういうときは、一見、「寂静」からは程遠いように見える。しかし、こういうとき我々は自分の能力のぎりぎりのところに生きており、「意識されない世界」（内なる知恵、世界の源）に最も強く結び付き、自分の能力で生きると同時に、「意識されない世界」に導かれる（身を任せる）というようにも生きている。それゆえ、こういうときに（根源的な意味では）最も「心がすっきりした、迷いのない状態」にいるのである。

ただし、右の例は「疑う」ということが難しいことだということもよく示している。「疑う」ことが大事だと分かっても、それだけでは疑うことができないのである。第3章で、自在の理解を得るためには、創造性がいると述べた。先人の言葉（それまで誰もが正しいと認めてきた言葉）に真底からの疑いを感じるためには、高い創造性がいるのである。こういう創造性を持たないと、どうしても、頭で理解するだけの段階に留まってしまう。

自在の理解を得るためには「疑う」ということをしなければならない。しかし「疑う」ためには自在の理解（創造性）を得なければならない。ここには鶏と卵の関係がある。結局、こういう問題を解決するためには、初歩的なところから一歩一歩と自在の理解（飛躍の体験）を得るということをしなければならない。ここに一歩一歩の努力の大切なところがある。

≪ 主体的な学習 ≫

これまで述べたことは、一言でいえば、受け身の学習をしていてはいけないということである。教えられたことを教えられたままに、あるいは、書物に書いてあることを書いてあるままに理解するというのは、受け身の学習である。分からないところを書物を見たり他人に聞いたりして答えを得るというのも受け身の学習である。また、分からないところを何とか頭で理解しようとするのも受け身の学習である。これらの学習では、どの場合も、学ぼうとする知識（外から入ってきた知識）をそのまま受け入れようとしており、外の知識に完全に従属した学習となっているからである。

これに対して「本当にそうか」「何故そうなのか」というように疑いながら学んでいるときには、自分の「納得できない」という「内なる心」が主体となって、外から入ってきた知識を批判的に検討しながら学んでいる。つまり主体的な学習となっている。主体的な学習こそは、自在の理解を得る上で最も大切なものである。自在の理解を得るか得ないかは、知識の量や問題のスケールとは関係がない。大切なのは求める気持ちなのである。

5・3　初等学校における創造性教育

《過保護・過管理の弊害》

ここで幼児から小中高校時代における創造性の向上法を考えてみよう。この時代の創造性教育は極めて重要である。小さい頃に身に付けた創造性が高学年になってからの学習能力の基礎を形作るからである。

今日の日本では子供達の間にいろいろ難しい問題が出てきている。現在、学級崩壊、いじめ、登校拒否、校内暴力といったことが大きな問題になっている。少し前は、指示待ち人間、三無（無気力、無関心、無責任）人間、３Ｋ嫌いというようなことが大きな問題になっていた。状況は年々悪化しているように見える。これらは皆、主体性、自立性、知性、創造性、生きる知恵といったものの低下から出てきている。

どうして、こういうことになってきたのであろうか。まずは家庭や学校などでしっかりと道理、道徳、倫理などが教えられていないということがあろう。しかし、こういうことをしっかりと教えればそれですべてが解決するというようにも思えない。子供達は、そういうことを教えられても、その真意を理解する知恵（内なる知恵）を身に付けていないからである。これでは、何を教えても、本当の解決は得られない。

今の子供達には、道理、道徳、倫理などを教えると同時に、こういうものの真意を理解できる知恵を身に付けさせてやらなければならない。すなわち「困難を自分の力で突破する」という飛躍の体験をさせてやらなければならない。こういう体験を抜きにしては、今日の問題を解決することは難しいであろう。主体性、自立性、創造性といったものは、こういう飛躍の体験を経ずには得られないのである。できるならば、前にも述べたように、一度でよいから（心に残るような）大きな体験をさせてやることが大事である。これによって子供達は大きく変わるであろう。

しかし、今の日本では、これとは反対に、子供達は総じて、過保護・過管理のもとに育てられている。必要なものは何でも与えられ、勉強がよくできるように、ケガのないようにと、いつも周り（親、学校など）から保護・管理されている。これでは子供達は「困難を自分の力で突破する」という体験ができなくなってしまう。過保護・過管理は子供達から主体性、自立性、創造性などを身に付ける機会を奪っている。心情はどうあれ、過保護・過管理は、実質的には、子供達に大変かわいそうなことをしているのである。

最近聞いた話であるが、隣の中国でも、一人っ子政策のために過保護が進み、同じような問題が出てきたそうである。たとえば、小学生の子供がそれまで「卵をどのように割るのか」を見たこともやったこともないために卵をナイフで切ろうとしたという。これ以後中国政府は、保育園時代から「何でも自分のことは自分でさせる」という方針を打ち出したそうである。これは賢明な施策といえるであろう。

《 理屈優先の弊害 》

先に挙げたような子供達の問題を解決するために、最近の日本では「ゆとりの学習」といった方針が打ち出されている。このやり方は右に述べたこととは逆方向を向いているように見える。これでは本当の解決は得られないであろう。

「ゆとりの学習」という考え方は、これまでの知識偏重を改めて、子供達にゆとりを与えて、もっと考えさせよう、これによって「考える力」をつけさせようという趣旨であろうと思われる。しかし、本当に「考える力」を身に付けるためには、「全体をすっきりとつかむ」というところに至らなければならない。つまり、そういうところに至るまで思考が徹底しなければならない。煩悶に陥り、混沌とした状況になっても、なお考え続けていくということができなければならない。創造性を得るためには途中で一度飛躍を得ることがどうしても必要なのである。創造性の修得にはこの面で厳しいところがある。ちょっと考えてみるというだけでは創造性は身に付いてこない。

子供達にゆとりを持たせて「さあ考えましょう」といったとき、それだけで子供達がこのように徹底して考えるとは到底思えない。子供達に限らず、一般に、こういうことは誰にだってできることではない。徹底して考えられるためには、それだけの原因と条件がいる。人間が本当に徹底して考えられるのは、どうしても考えざるを得ないといった状況に至ったときだけである。それ以外のときには、たとえ真面目に考えたとしても、考えが中途半端なものに終わってしまう。そうであれば、「ゆとりの学習」

などといったことをすれば、かえって時間を浪費して、本来の目的とは反対に、学力の低下を招いてしまう。

考える力をつけさせようとして考える訓練をしても、考える力はついてこない。もともと考える力を含めて創造性とは、（知識から離れて）何らかの特別な能力としてあるのではない。創造性があるかないかは（頭の中の）知識のあり方が良いか悪いかの違いなのである。言葉だけの理解になっているか、自在の理解になっているかの違いなのである。どれだけ考える訓練をしても、言葉だけの理解が自在の理解に変わることはないであろう。

子供達に真剣に考えさせようと思うならば、子供達を考えざるを得ないような状況に導かなければならない。あるいは、そういう状況に陥ったときをうまく利用していかなければならない。たとえば「ゆとりの学習」などといってゆとりを与えるのではなく、逆に、教えるべきこと・大切なことはどんどん教えて、子供達が困ってきたらその都度子供達と一緒になって真剣に考えていく。こういうことを実際にやるのは教師が大変かも知れない。しかし、こういう正しい教育法の困難さから逃げて、一律に要領よく（小手先的に）問題を解決しようとしてもうまくいかないのである。

一般に今の日本の教育法にはこういう小手先的な方法が多いように思われる。これはおそらく理屈が優先しすぎて、物事を外側からばかり見てしまうからであろう。物事を外側から見ていると、真髄を見失い、必然的に小手先的な方法に陥ってしまう（第3章）。右に述べた「ゆとりの学習」もそうであるが、先に述べた過保護・過管理もそうである。過保護・過管理も効率、安全といった理屈が優先した安易な教育法である。もう少し例を挙げてみよう。

最近では、小学校の運動会のかけっこ競争において、1等、2等といった順位をつけないそうである。順位をつけると差別意識が生じるからというのがその理由らしい。幼稚園では皆で手をつないで走るという。さらに成績通知表にも成績をあまりはっきりとはつけない。しかし、これではあまりにも不自然である。この世の中では、あらゆる事柄において、優劣の区別があり、競争がある。これは疑いようのない事実である。子供達は将来こういう世の中を生きていかなければならない。そうであれば「こういう世の中をどうすれば力強く正しく生きていけるか」という知恵を授けてやるのが真の教育というものであろう。一時的に優劣の区別を隠して見えなくしても何にもならない。

かけっこ競争などはこういう知恵を授けるための格好の場であろう。順位がつけば子供達は喜んだり悩んだりするであろう。こういうときをつかまえて、この現実をどのように乗り越えていけばよいのかを子供と教師が一緒になって真剣に考えていく。順位がつけば差別意識が生じるからといって、順位がつかないようにするというのも、正しい教育の困難さから逃げた安易な発想である。これでは子供達の創造性（人間性、考える力）は向上してこない。創造性向上のチャンスから逃げていては、創造性は向上してこないのである。また、こういう逃避的で曖昧な教育法を取っているから、校内暴力といったことも起こってくるのではなかろうか。

高校の教育にも似たようなところがある。受験勉強が大変だろうという理由で物事が類型化されて教えられる。たとえば一般に化学反応の場合、二つのものを混ぜ合わせて反応させれば、いろいろな生成物ができる。しかし今の教育では主生成物のみがただ一つ生成すると教えられる。余分なことを教えるとややこしいからという親心であろう。しかし、これでは型にはまった知識を頭に詰め込むだけで物事への興味が出てこない。自然の多様性に触れて、混乱し、その過程で知識の役割（巧妙さ）を感じ取ってくる。これでこそ勉強への興味も出てくるであろう。

教育（講義）とは本来「真実に向かっての教師と学生との闘いの場」である。たとえ初等教育であっても、この精神は同じであろう。現実に生じてくる問題を子供と教師が一緒になって真剣に考えていく。互いに真に納得できると思うところまで考えていく。一度でもこういう体験をすると子供達は大きく変わる。おそらく教師自身も変わるであろう。互いに成長する。世の中とはどういうものか、考えるとはどういうことか、といったことについて根源的な知恵を身に付けるからである。このようになれば、学習は自然に生き生きしたものになってくる。

第6章 研究生活と創造性の向上法

この章では、大学の高学年や大学院での研究生活を念頭において、少し高いレベルでの創造性の向上法を考えよう。

6・1 言葉だけの理解の限界

《理解のレベル》

一般に人間の理解には、広さと深さにおいて、いろいろなレベルがある。理解の広さには限りがないが、理解の深さにも限りがない。創造性向上の過程には限りがない。こういうわけで、それまで創造性向上の努力をしてきたとしても、それによって得た知識は、さらに高いレベルから見れば、まだ言葉だ

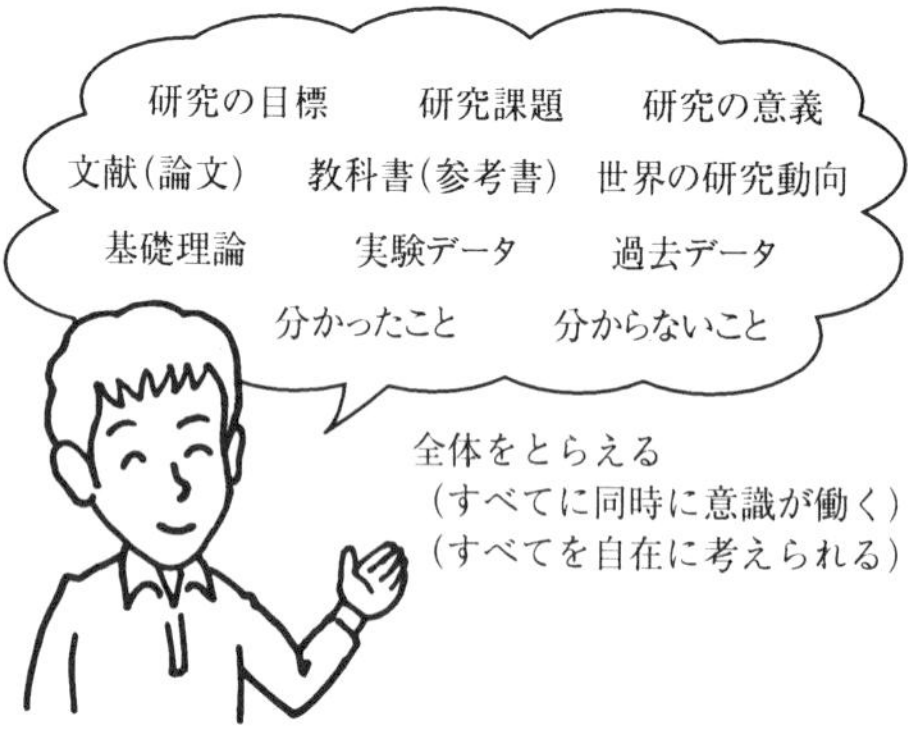

図6-1　高い研究能力(高い創造性)を持つ

けの理解に留まっている。

大学生諸君も、四年次になり、それまでの講義による学習を終えて研究室に入り、卒業研究などの研究を始めると、ちょうどこういう状況を体験する。研究活動では創造性が何よりも重要である。研究能力とは創造性そのものともいえる。かくて、学生諸君が研究活動を始めると、それまでの学習ではまだ十分創造性を身に付けていないので、様々な問題が噴出してくる。言葉だけの理解の限界が顕著に現れてくるのである。

実際にどのような問題が出てくるかを以下に列挙してみよう。これによって言葉だけの理解ではどれほどひどいことになるか、つまり「内なる知恵」を持たないとどれほどひどいことになるかがよく分かるであろう。言葉だけの理解ではこういう問題は必ず出てくる。こういう問題は自在の理解(意識的な能力を越えた力、内なる知恵)を得ない限り決して解決できないのである。

以下に述べることは他大学の先生方から聞いたものも含め

ている。また誇張的に表現しているところもある。「あれもできない」「これもできない」といった「ないないずくし」の話になって、学生諸君には耳の痛いことかも知れない。しかし、このような問題が出てくること自身はそれほど気にすることではない。むしろこれは、創造性向上の面から見れば、望ましいことである。こういう問題が出てくることは（それまで気づいていなかった）理解の限界に気づいてきたということである。これを克服していけば創造性を向上させることができる。研究活動をしなければ、こういう限界は気づかれないままに済んでしまうのである。

核心に迫れない

最初に「科学研究」とはどういうものかを簡単に説明しておこう。科学研究では、はじめに目標や問題の設定を行い、これをもとにいろいろ調べ事柄を明らかにしていくという方法を取る。これは一般の人間活動の方法と同じである。ただし、科学研究では、そもそもの目的が「未知を明らかにする」ことにあるので、目標や問題の設定を行うといっても、それはごく蓋然的なものになる。科学研究において最も大切なことは、「いろいろ調べ事柄を明らかにしていく」過程において、一歩一歩と核心に迫り、これを通じて最終的に新しい重要な本質を明らかにしてくることにある。

研究室に入ってきた初心の学生諸君を見てまず感じることは、この一歩一歩と核心に迫ることが非常に難しいということである。与えられたテーマにしたがって実験を行い、いろいろな結果を出してくるが、それ以上に前に進めない。それまでに得られた結果を見て、どこが大切なのか、どこが不十分なのか、次に何をすべきなのかが判定できない。もう一歩突っ込んで考えるということができない。こうして、大体は、先輩のやったことや文献を頼りに、同じようなことをいつまでも延々と行うことになる。そして既存の結果に一致した結果が得られると安心し、逆に新しい（面白そうな）結果が出てくると厄介に思う。

こういう初心の学生諸君の姿を見ていると、言葉だけの理解では学んだことを学んだとおりにすることしかできない（4・3節）ことがしみじみとよく分かる。研究するというのは「テレビを組み立てる」というようなテクニック的なことをするのとはわけが違う。テクニック的なことは学んだことを学んだとおりにすればよい。これで成果が出てくる。しかし研究ではこれではだめなのである。既知のことを結論してもそれは単なる追試である。既知のことを超えて、新しい核心をつかんでこなくてはならない。しかし言葉だけの理解ではこれができない。

科学研究だけが特殊な世界なのだと思えるかも知れない。しかし実社会においても事情は同じである。「はじめに」でも述べたように、実社会においても創造性が決定的に重要である。最近、大学を停年退官して会社の研究顧問になった先生から次のような話を聞いた。「今の会社の若い人には『研究とは何か』が分かっていない人が多い。見本があれば、これをあれこれ改良することは上手にできる。しかし、見本がないと、さっぱり何もできん。関係のありそうな文献を探してきて、これを参考にしながら、試しにいろいろやってみるということができない。こういうことから教えていかねばならん。」簡単なことのように見えても、見本なしに試しにいろいろやってみるということは難しいことなのである。こういうことができるためには創造性がいる。試しにいろいろやってみるということは、何らかの可能性の直覚があってはじめてできることだからである。

《要点をつかめない》

核心に一歩一歩と迫っていくことができないというのも、試しにいろいろやってみることができないというのも、結局は「全体をつかむ」ということができていないからである。物事の真髄をつかめていないからである。理解が「意識される世界」に留まって、未知の世界、可能性の世界にまで広がっていないからである。

初心の学生諸君が全体をつかんでいないことは、彼らの書いた研究報告書などを見ても分かる。これらは、極端なことをいえば、やったことをやったままに書き並べただけといったものになっている。どういう目的で、何をやり、どういう新しい成果が得られたのか、それにどのような意義、特長があるのかといったことが明確になっていない。もちろん、そのように書くように指導しているし、学生諸君もそのように書こうと思って書いている。しかし、なかなかうまく書けない。

同じようなことは大学院入試の面接などでの学生諸君の受け答えを聞いていても分かる。こういう面接では「これまでやってきた研究をまとめて、２、３分で話してみなさい」というような課題がよく出る。こういうとき要領よく答えられる学生はそう多くない。研究の背景、目的といったところから話し始めるのはよいが、いつまでたっても細々としたことばかり話して、なかなか要点が出てこない。要点を述べるように言っても一向に変化がない。こうしてあまりに時間が経つので、途中で打ち切りということになる。それまで自分がやってきたことであるから、何もかも熟知しているはずであるが、そうではないのである。

詳しく知ることと全体をつかむこととは全く別のことである（2・2節）。物事の真髄をとらえないと、表面的なことばかりにかかわり、言葉の言い換えに終始する（「はじめに」）。いつまでも同じレベルの話が延々と続く。一歩飛躍して要点をとらえるということができない。

しばしば、企業の方から、大学ではもっと話し方や文章の書き方を教えて下さいといった注文を受ける。これは右に述べたような問題が、最近の若い人達の間に広く一般的に存在することを示している。しかし、こういう問題は、話し方、書き方を教えれば、解決するというようなものではない。そのもとになる「要点をとらえる力」が得られていないと真の解決は得られない。

《注意力、観察力が出てこない》

全体をとらえていないときには、個々の事柄への注意力や観察力も出てこない。先の面接の例でも、要点をうまくいえないようなときには、きまって個々の言葉の意味もはっきりしない。深く問い詰めていくと、しどろもどろになる。

研究報告書の場合でも、やったことを書き並べただけといった場合には、決まって必要な実験条件などがあちこちで抜け落ちている。こうして、この報告書を読んだだけでは何をやったのかさえ分からないといったことになる。全体の要点をとらえないと、個々の事柄の意味、意義を正しくとらえられない。このため重要なことでも（知らぬ間に）抜かしてしまうのである。

２・２節で「全体をとらえてはじめて、個々のものの意味や意義がよく分かる」と述べた。全体をとらえてはじめて、個々のものへの注意力も増す。ポイントを押さえた実験というようなものも、全体をとらえて、はじめて可能となる。

《興味、関心が出てこない》

これまで述べたことから、言葉だけの理解を持っていると、せっかく一生懸命努力して多くの実験を行い、たくさんの結果を出しても、さっぱり評価が得られないということになる。多くの実験をしても核心をとらえることができず、新しい可能性を含む結果を得てもその意義に気づくことができず、また、幸運にも立派な成果を出したとしても、それを他の人にうまく伝えることができない。これでは如何にも残念であろう。

言葉だけの理解を持っていると、まだまだいろいろな問題が出てくる。右に述べたようなことになるのは、初心の学生諸君が、いろいろなことをやっていながら、全体として自分が何をやっているのかを正しく理解できていないからだといわなければならない。これでは、本当の意味の興味や意欲は出てこない。

もちろん、初心の学生諸君も、彼らなりに興味や意欲を持って、熱心に研究をしている。しかし、少し高いレベルから見ると、「言われたことを言われたとおりにやっている」だけということになっている。こうして本人は一生懸命やっているのだけれど、また、何事もそつなくこなすのだけれど、何か物足りない、迫力がない、もどかしい、ピンと感じられないといったことになる。

《友愛、連帯の心が出てこない》

自分のやっていることを正しく理解できないようでは、他人のやっていることはなおさら理解できない。大学の研究室では、セミナーなどで他の研究者の論文を読んで、皆に紹介するということをする。こういうとき初心の学生諸君は、論文に書いてあることをその通りに細々と紹介する。しかし、論文の著者が、全体として何をいおうとしているのか、それをどういう根拠でいっているのか、何を明確な結論として述べているのかといったことをよく理解していない。こういうことを質問しても一向に要領を得ないのである。これでは、細部がよく分かったとしても、論文を正しく理解したことにはならない。また、これでは論文の著者の心を理解できず、論文の面白さも分からない。

論文だけではない。同じ研究室や同じ学科の友人のやっていることもその真意をつかめない。こうして基本的には友人のやっていることに無関心となる。日常的なことでは親しくしていながら、少し立ち入ったことになると、自分は自分、他人は他人といったことになる。これでは、研究とは何か、良い研究をするにはどうすればよいか、将来どのように生きていくべきか、といったことについても友人同士で深い議論ができない。実際、最近の学生諸君はこういうことをあまり話題にしない。

友愛、共生、連帯といったことも、真の意味では、自在の理解を得てはじめて可能となる。真に人間的に生きるためには、自在の理解を得ることが絶対に必要なのである。

《問題を受け止められない》

初心の学生諸君が、全体として、自分がやろうとしていることをよく理解していないということは、言い換えれば、自分に与えられた研究テーマを正しく受け止めていないということである。研究テーマ（目標、課題、方法など）は言葉で知っているだけでは何にもならない。真意をつかまなければならない。問題を受けとめられないと、与えられたものを与えられたままに理解するだけに留まる。このために、自ら自主的に発展させていくということができない。どうしても、この枠から抜け出せない。これが致命的である。

日本には「以心伝心」という言葉がある。これは、最近では、物事を曖昧にするものとして、批判的になっているが、重要な真理を含んでいる。物事を話し合ったとき、この背景となる全体的な直覚を共有できなければ、互いに正しく理解し合うことができない。逆に、こういうものを共有すれば、意気統合して、少ない言葉で多くの理解を得ることができる。真の相互理解とは言葉だけでなされるものではないのである。

《考えられない》

さらに、言葉だけの理解では、「考える」ということができない。これには次のような三つの側面がある。

第一は、知識がバラバラになっていて、思考が自在には進まないということである。2・2節で、言葉だけの理解では「知っていることを聞かれても答えられない」という例を述べた。

第二は、全体をつかめず、全体的なイメージ（自分の考え）を持つことができず、このために真の意味の「考える」ということができないということである（2・3節）。言葉による理解では学び覚えたことを学び覚えたままにたどっていくという機械的な演算しかできない。

第三は、理解の不十分なところに気づけない、不審、疑問の念が出てこないということである（第3章）。つまり何を考えたらよいのか分からない。前に「初心の学生諸君は、それまでに得られた結果を見て、どこが大切なのか、どこが不十分なのか、次に何をすべきなのかが決められない」と述べた。これは、それまでの結果を見て、考えるべきところ（新しい可能性を含むところ、未解明なところ、重要なところ）に気づいてこられないからである。このために何も考えられない。

右の第三に述べたことは、「自らの無知に無知」になっているということである（第3章）。考えるべきところが目の前にあっても何も気づけない。「まことに歯がゆい、しかし、言っても分からない、どうしようもない状態」に陥る。

ついでに述べれば、自らの無知に無知になることの恐さは、創造性が出てこないということだけにあるのではない。これは一般の社会生活を見ているとよく分かる。自らの無知に無知に陥ると、何事につけ物事の真意が理解できず、問題を正しく受け止められない。かくて、自分の知識だけで物事を見て、それが真実だと思い込み、頑な態度を取るようになる。最も恐いのは、こういう状態で論争、抗争などを起こしたときである。自らの無知に無知の状態で論争、抗争を起こすと、物事を自分勝手に解釈して、独善的で偏見に満ちた考え方をしながら、自らに非があるなどとは夢にも思わない。非を指摘しても、その真意を理解できず、不当な言いがかりと解して、激怒する。こうしてどうにも手がつけられない状態となる。

《まとめ》

以上で、言葉だけの理解を持っていると、どれほどひどいことになるかがよく理解できたであろう。研究生活と実社会の生活とは似ているので、同じようなことは実社会に出たときにも起こる。

6・2　研究活動と創造性の向上

《研究活動による創造性の向上》

この章のはじめでも述べたように、これまで述べたような問題が出てくること自体はそれほど問題にすることではない。こういう問題を一つ一つ解決していけば、創造性を向上させていくことができる。「災い転じて福となす」のである。

実際に、初心の学生諸君も、研究活動を続けるにつれてだんだん様子が変わってくる。いろいろなことをやり、いろんな問題にぶつかり、あれこれ考えるうちに、だんだんと全体をつかめるようになる。与えられたテーマの真意をつかめるようになる。こうして核心に迫る力や考える力も出てくる。興味、関心、意欲なども強くなってくる。これが大学の研究室における研究活動の大事なところである。

《主体的な研究》

ただし、研究活動をすれば、誰でも同じように創造性を向上させていくというわけではない。ここにはまだいろいろと注意すべきことがある。

一般に、研究室の学生諸君を見ていると、意欲のある学生はよく伸びる。一年も経つと見違えるようになる。これに対して意欲のない学生は、(創造性の面から見る限り) いつまでも同じところにいる。意欲のある学生が伸びるのは、意欲を持つと物事がうまくいくからではない。むしろ、逆で、意欲を持つと、次々に問題に突き当たり、次々に失敗する。こういう経験を繰り返して苦闘するなかで創造性を身に付けていくのである。意欲のない学生は何の問題も起こさず、何の失敗もしない。このために伸びない。

もう一つ、自分で考える習慣を身に付けている学生はよく伸びる。最初はいかにも頼りない質問をしているが、見る見るうちにしっかりした物言いになってくる。一方、最初は利発そうに見えても、いつも他人の考え(どこかで仕入れてきた考え)で理解している学生はなかなか伸びない。やはりいつまでも同じところにいる。

このような事実は、創造性はどうすれば向上できるかをはっきりと示している。研究（物事の理解、問題の解明）とは、いろいろな現象を解釈し説明することではない。そういうレベルを超えて、現象の背後に潜む真髄をつかむことである。真髄をつかめば、説明は自然に後からついてくる。真髄の把握があらゆる知恵のもとになっている。真髄を把握するためには、自ら体験し、自ら問題を克服しなければならない。また、自ら不審、疑問を感じてきて、自らこれを解き明かさなければならない。意欲のある学生、自分で考える習慣のある学生が伸びる所以である。

第5章でも述べたが、一度でよいからできるだけ早く、心に残るような大きな自在の理解（創造）を得る体験をすることが大事である。これによって一段と大きく成長する。こういう体験をしたかどうかで、その後の人生が大きく変わってくる。

《真に求める心》

第2章で引用した鈴木大拙の「禅と日本文化」（岩波新書）という書物の中に、面白い話が載っている。「剣道の極意を得る」という話である。創造性の体得法を考える上で大いに参考になると思われるので少し長いが紹介しよう。

> 一人の熱心な弟子が剣術を習いたいというのでやってきた。山中の小庵に隠棲していた先師は、やむを得ず、それを承知する。ところが、弟子の毎日の仕事は、師を助けて薪を集め、渓流から水を汲み、材木を割り、火を起こし、

飯を炊き、室や庭を掃くなど、家事一般の世話をさせられるのである。別に規則正しく剣術の法を教えられることもない。日数がたつにつれて、若者は不満をおぼえてきた。自分は召使いとして働くために老先生の許にやってきたわけではなく、剣道の技を覚えるためにやってきたのだ。そこで、ある日、師の前に出て不平をいって教えを乞うと、師匠は「うん、それなら。」という。

その結果、若者は何一つの仕事も安心の念を持ってすることができなくなった。なぜかというに、早朝飯を炊出すと、師匠が現れて、背後から棒で打ってかかるのだ。庭を掃いていると思っていると、何時何処からともなく、同じように棒が飛んでくる。若者は気が気でない。心の平和を全く失った。何時も四方に目を配っていなければならなかった。かようにして数年たつと、始めて、棒がどこから飛んでこようとも、これを無事に避けることができるようになった。しかし、師匠は、それでもまだ彼を許さなかった。

ある日、老師が炉で自分の采を調理していたのを見て、弟子は好機逸すべからずと考え、大きな棒を取上げて、師匠の頭上に打下ろした。師匠はおりから、鍋の上に身を屈めて、なかのものを掻回しているところだったが、弟子の棒は鍋の蓋で受け止められた。この時弟子は、これまで至り得なかった、自分の知らない剣道の極意に対してはじめて悟りを開いた。彼はそこで本当の師匠の比類なき親切さを味わい得たという。

この話は外側だけを見ていると分かりにくい。しかし内面の動きを推察しながら読むと意味が分かってくる。若者は老師の扱いに対してだんだん腹を立ててきた。最後には本当に腹を立てた。こうしてはじめて極意に至ることができた。老師はその様に仕向けたのである。極意（真髄）を得るためには、真の意味で「自ら求める気持ち」がいる。しかし、こういう気持ちは普通には（意識的には）持つことができないのである。

自在の理解（真髄の把握）を得るためには、何度もいうように、「意識される世界」を越えなければならない。「意識される世界」を越えるとは、今の自分を越えるということである（2・6節）。しかし、人は誰でも「自分を守ろう」とする強い心を持つ。それゆえ、尋常のことでは、「意識される世界」を越えるというようなことはできない。そういうことができる状況（ある種の極限的な状況）に至ってはじめてできる。

右の話は現代の日本の、「何でもかでも理屈で教える」「何でもかでも手取り足取り教える」という教育法とは好対照である。この世の中には右のような教え方でないと教えられないものがあるのである。現代の教育法ではこの点が忘れられている。

6・3　高い創造性の体得法

《目標、構想、戦略の構築、創造性向上の最終の到達目標》

研究の経験を積み重ね、いくつかの優れた成果を出すようになれば、世界の動向をつかみ、自分で新しい可能性を見つけ出して、自分で独自に研究テーマを設定できるようになる。与えられた課題を解く段階から、自ら課題を見つけ出して解く段階に移っていく。こういうところに至れば、一応、一人前の研究者になったといえるであろう。大学院時代における研究能力の到達目標は、大体、この辺にあるといってよい。

ただし、一口に研究テーマといっても、いろいろなレベルがある。真に重要な研究テーマを設定できるためには、さらなる創造性の向上が必要である。研究テーマの設定は、研究活動の中で最も重要な仕事である。一般に、良い研究テーマでも、悪い研究テーマでも、一つの研究テーマを設定して結果を得るまでには、同じ程度の労力と時間を要する。研究テーマが良ければ、優れた成果が出てくる。一方、つまらない研究テーマだと、大した成果は出てこない。日々同じように生活していても、結果に大きな違いが出てくる。

どれほど重要で創造的な研究テーマを設定できるかは、現実世界についてどれほど広く深く自在の理解を得ているかに依存する。本当に重要で創造的な研究テーマを設定できるためには、「現実世界の全体的な動向と将来の可能性を見据えて、大きな目標、構想、戦略を持つ」ということができなければならない。

6・1節で「研究テーマ（目標、課題、方法など）は言葉で知っているだけでは何にもならない。真意をつかまなければならない」と述べた。目標、構想、戦略といったものも、言葉で持っているだけでは、何にもならない。真意をつかまなければならない。そうでないと自ら自主的に発展させていくことができない。

大きな目標、構想、戦略の真意をつかむためには、この世界の主だった事柄についてすべてに同時に意識の働きが及ぶというようにならなければならない。この世界の全体を自分のものにするというよう

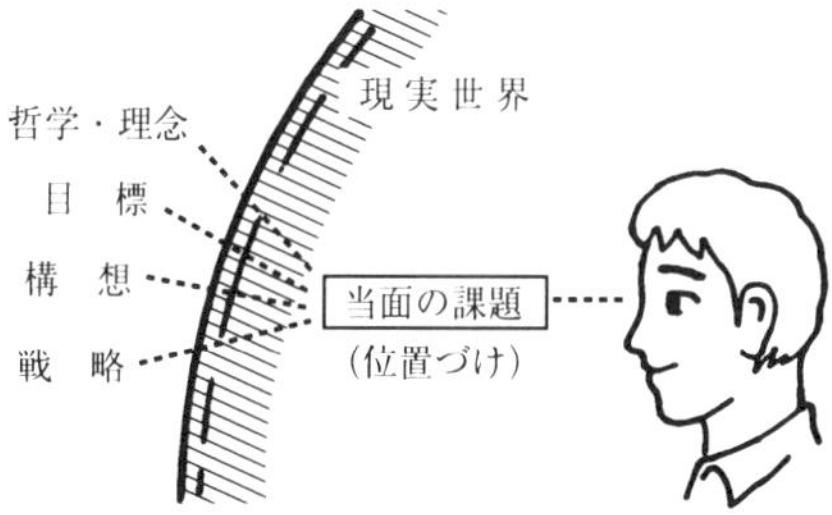

図6-2　現実世界の向こうに理念、目標を見る

にならなければならない。こういうことは、もちろん、しようと思うだけではできない。広く深く自在の理解を得なければならない。

　こういうことができるようになれば、一研究者としてだけでなく、組織、社会、時代のリーダーとしても生きられるようになる。世界的に見ても存在感のある、歴史に足跡を残すような人生を歩めるようになる。それゆえ、こういうことができるようになることが創造性向上の最終の到達目標であるといってよいであろう。

《創造の追体験》

　それでは、こういうところに到達するには、どういうことをすればよいであろうか。あるいは、どういうことに注意すればよいであろうか。

　人間は誰でも多かれ少なかれ「自らの無知に無知」に陥っている（第3章）。学習が初期の段階にあるとき、たとえば大学生や大学院生でいるときには、周りの人達（先輩、教師など）が不十分なところを指摘してくれる。しかし、自分の創造性が社会の平均値を超えてくると、周りから指摘されることは期待できなくなる。逆に間違ったことを言われて足を引っ張られるかも知れない。

したがって、こういうところに至ったならば、あとは自らの力で「自らの無知に無知」を克服していかなければならない。本当の意味では、これ以後の努力が創造性向上の正念場である。この努力次第で、その後どれだけ素晴らしい人生を歩めるかが決まってくる。こういう段階に至ってから創造性を向上させていく有力な方法と考えられるものに創造の追体験というものがある。

この世の中に存在する知識はすべて、かつて誰かによって見つけ出されてきたもの（作り出されてきたもの）である。教科書も書物もすべて、誰かがどこかで一生懸命になって考えたことの「結果」、すなわち「解答」が書かれている。教科書や書物はいわば解答集のようなものである。したがって、これらを頭で理解するというだけでは、ちょうど、演習問題を解く場合に、他人から答えだけを聞くというのと同じことになる。これでは、答えは得るが創造性は身に付いてこない。

創造性を得るためには、このように結果だけを取り入れるのではなく、その結果を生み出しているものをつかまなければならない。このためには、既存の知識（結果）について「本当にそうか」「なぜそうなのか」と問いかけ、かつてそれを生みだした人と同じ立場に立って、もう一度自分の頭で考え直し、自分で改めて生み出してみるということをしなければならない。これは、以前に創造された知識をもう一度自分の力で創造するということで、創造の追体験といえる。

自然現象や社会現象についても同じことがいえる。自然現象や社会現象も、自然の進化や社会の発展の過程によって作り出されてきたものである。それゆえ、これらの表面的な形（結果）だけを見ていたのでは、知識は得るが、創造性は得られない。「これらは、どうして、このようにあるのか」「なぜ、このようにあるのか」と問いかけ、自然の立場、あるいは、社会の立場に立って、もう一度自分の力で考え作り出してみる。こうしてはじめて自然や社会の真髄をつかむことができる。

たとえば、ある知識（あるいはある理論）について、「本当にそうか」「なぜそうなのか」と問いかけていく。なぜ、それが生まれてきたのか、何が問題になったのか、なぜ、それが問題になったのか、それはどのように考えられたのか、なぜ、そのように考えられたのか、というように、いろいろ考えていく。すると、以前その知識（理論）を生み出した人の精一杯の心を知るようになる。「ああ、こういうことを考えて、こういうことを言っているのか」「ああ、こういうことを言おうとして、大いに苦労したのか」「ここがポイントなのか」というようなことがよく分かるようになる。

こうして先人の得た結果（知識、理論）だけでなく、それを生み出した先人の精一杯の心（知識のもと）を知るようになる。そしてこれを引き継ぐことになる。これは、その知識（結果）を越えていく力（内なる知恵、心）を引き継ぐということである。つまり創造の追体験をすることによって創造性を身に付ける。

物事を真に理解するというのは、知識を見て、これを事実によって確かめるということではない。これとは全く逆で、まず事実を見て、ここから知識を導き出してくるということである。どちらも事実を基礎に知識を理解しているように見えるが、この二つの理解の仕方には決定的な違いがある。前者のやり方では、物事を表面的に理解するだけで、真髄をとらえることはできない。

≪ 試行錯誤の力 ≫

創造の追体験をするためには、いろいろなことをあれこれと考えていかなければならない。ここで大切なことは、このようにあれこれと徹底的に考えていけば、必ず「すっきりと分かる」ところに至るということである。あれこれ考えることには、思いも及ばぬような大きな力が秘められている。どんな難問も徹底的に考えていけば必ず解決に至るのである。このことを真に知ることは、思考を進めていく上で大きな力になる。

人は誰でも分からなくなったとき、あれこれと考える。また、こういうときには、こうするしか方法がない。分からないままにあれこれ考えることは、一見、頼りない方法のように見える。実際、普通は試行錯誤とは、何だかよく分からないときに、うまくいけば儲けものといった感じで、試しにいろいろやってみることと軽く考えられている。

しかし、試行錯誤とはこのように軽いものではない。試行錯誤はいかなる困難をも突破する力を秘めている。試行錯誤とは、困難を解決する方法であり、新しい可能性を生み出す方法であり、自在の理解（創造、内なる知恵、創造性）を得る方法なのである。

試行錯誤に、どうして、このような力があるのであろうか。これは次のように考えれば分かる。たとえば自動車の記念館などに行くと、いろいろな自動車が初期のものから現代のものまで陳列されている。初期のものはいかにも素朴で幼稚である。時代とともに、だんだんスマートで機能的なものになってくる。現代のものに近づくと、初期の頃には思いも及ばなかったような立派なものが出来上がっている。しかし、初期の頃の自動車も、その当時の人々にとっては、最大限の知恵を働かせて作ったものである。また、こういうものがあって、これを踏まえて次のものが出てきている。こういう一歩一歩の前進によって初期の頃には思いも及ばなかったようなものが出来上がってくる。

人間の思考もこれと同じように進む。はじめは部分的に小さな問題が解決される。それはごく初歩的で素朴なものかも知れない。しかし、これによって次にもう少し高度な問題が解決される。こういうことを繰り返していくと、最後には、初期の頃には「到底分からない」と思われた問題にも答えが見つかってくる(注)。

(注) どんな難しい問題にも必ず答えが見つかってくることは次のように考えても分かる。4・2節で、問題(不審、疑問の念)を意識してきたときには、必ず、それを解決する可能性を感じ取ってきていると述べた。むしろ、可能性を感じ取ってきたから、問題が意識されてくるのである。解決の可能性がないような問題は、問題自身が意識されてこない。これはどんな問題も必ず解決されるということである。

《本当の思考と論理思考》

試行錯誤の意味と意義について少し別の観点から考えてみよう。一般には厳密な概念や数式を用いる論理的思考の方が本当の思考のように考えられている。しかし、これは間違いである。本当の思考とは(ぼんやりした)全体的なイメージを思い浮かべて、これをもとに(論理とは関係なく)あれやこれや、と考えることをいう。

日常生活を振り返ってみても、本当に考えているときには、あれやこれやと考えている。本当に考えなければならないとき、つまり、本当に問題を抱えたときには、論理的に筋道立てて考えることはできないのである。あちらから考えたり、こちらから考えたりしなければならない。試行錯誤こそは本当の思考なのである。

湯川秀樹は「人間にとって科学とは何か」（講談社）という書物の中で、イメージ的な思考の大切さを強調している。人間は「イメージ的な思考でないと考えられない」「論理や数式などでは考えられない」と述べている。イメージ的な思考とは、ぼんやりした絵（イメージ）を描いて、これをもとにあれこれ考えることをいう。

では、論理思考とは何であろうか。これは、このようにあれこれと考えた後の結果を表す。あれこれ考えて、答えが出てきたとき、それまで考えたことを整理して筋道立てて表す。たとえば、人に話すとき、答案用紙に答えを書くとき、論文にまとめるとき、それまでの考えを整理して筋道立てて表す。このように筋道立てて表されたものが論理である。つまり、論理とは思考の結果である。このために論理や数式では考えられないということになる。論理や数式には、そのもとになっている「あれこれの思考」や「全体的なイメージ」が消え去ってしまっているからである。

一般に新しい知識は、言葉（論理や数式）として頭の中に入ってくる。したがって、これをそのまま理解しているだけでは、考えることができない。新しい知識を取り入れたならば、これをよく咀嚼して、自分のイメージの世界の中に引き入れなければならない。これが自在の理解を得るということである。自在の理解を得れば、全体をすっきりとつかみ、物事にイメージを持つようになる。これによってイメージ的な思考ができるようになる。試行錯誤ができるようになる。

もう一つ付け加えておくべきことがある。厳密な論理的思考をするためにも、自在の理解が必要である。一般に、理屈っぽい人（論理にこだわる人）は理屈（論理）に弱い。これは当然である。論理的思考の基盤になっている「全体的なイメージ」があってはじめて、論理的思考も可能になるのだからである。

第7章 社会生活と創造性の向上法

この章では、現実社会の中での実際の生活を念頭において、実践的な立場から創造性の向上法を考えよう。第5章、第6章では、主に学習過程を対象にして、一歩一歩の努力を続けて良循環の道に入ることの大切なことを述べた。この章では、第3章で述べたもう一つの側面、すなわち、自分の能力（自分の創造性の及ぶ範囲）を大きく越えたような問題に対してどのように対処していけばよいのかに焦点を当てて考えよう。現実の生活ではこういう問題に突き当たることが多いのである。

7・1 現代社会と創造性

《現代社会の特長と問題》

「はじめに」でも述べたように、現代の日本は創造性に関して多くの問題を抱えている。しかしこれは、考えてみれば、現代の文明病といえる。文明が進めば、知識偏重・もの偏重が進むので、こういう問題はどこの国にでも必ず出てくる。日本は今そういう時代を迎えている。そして、その問題をまだ十分解決できずに苦しんでいる。これが今の日本の姿といえるであろう。今抱えている問題を突破できたとき、日本はより進んだ文明社会に前進することができる。しかし、もし突破できなければ、日本はこの先急降下の運命をたどることになるかも知れない。今が頑張りどころである。

現代の文明病ということの実体を少し具体的に考えてみよう。今の日本では科学技術が発達して、創造性を低下させる要因が渦巻くということになっているのである。

まず、生活が便利になって、何事も自分で考えるのでなく、外から知識を取り入れて解決することが多くなった。たとえば家庭生活では、料理にしろ、洗濯、掃除にしろ、便利な商品がたくさん売り出されているので、問題が出てきたとき、どのように解決すべきかと自分で考えているより、スーパーなどで新しい商品を見つけて買ってきた方がずっと早くうまくいくのである。同じようなことは、家庭だけでなく、会社や大学など、どこででも起こっている。

こういう状況では自然に「外から新しい知識（ないしは商品）を取り入れて手早く解決する」といったテクニック的な生活が定着してくる。こういう生活は、一見、好ましい生き方のようにも見える。効率的で、しかも、人間が主体となって知識や物を操っているように見えるからである。しかし、実態は全く逆で、こういう生活は「知識に頼り、ものに頼る」没主体的な生き方なのである。このために、こういう生活を続けていると、創造性はどんどん低下していく。現代に生きる我々は生活が便利になったために、創造性を身につけるチャンスをどんどん奪われている。これは、ちょうど、現代では生活が便利になって運動不足になり、肥満が増えてくるというのと同じである。

現代社会には創造性を低下させるもう一つ重要な要因が存在する。現代では巨大な組織社会が成立して、専門の細分化が進み、人々が大きな組織の中で、そのごく一部となって働くという状況が生まれてきた。しかも、国内的、国際的に競争が織烈となって、何事にも、成果、効率、スピードが求められるようになった。今や深慮遠謀より当面の結果であり、見識より要領なのである。こうして人々が「大きな体制の中にどっぷりと浸り、長期的・大局的な難しい問題は横に置いておいて、当面のこと、効率的なこと、目立つことに注目し、今の条件の中でできることだけを素早くやる」といった生き方をするようになった。

日本の産業はこれまで総じて自ら新しい価値（新しい商品）を生み出すことをせず、外国で開発された商品を生産性よく作ることで利益を上げてきたといわれる。こういうやり方は、右に述べたことの一つの例といえるであろう。

「当面のこと、効率的なこと、目立つことに注目し、できることだけを素早くやる」といった生き方も、一見、時代の先陣を切っているようで、格好よく見える。しかし、実態は、こういう生き方も困難を避けた没主体的な生き方なのである。このためにこういう生活を続けているとやはり創造性はどんどん低下していく。

何年か前に、長くフランスで研究を続けている日本人化学者から次のような話を聞く機会があった。

「最近の日本では、一般に、政策立案の過程で『何ができるか』『いかにやるか』という発想が先行する。できることを見つけ出して、それをできるだけ早くやる。一方、フランスでは『何をするか』『何をすべきか』という布陣（構想、ストラテジー）の構築に最重点が置かれる。これがしっかりできれば、それで良しと考える。今の日本の政治家で戦略的な思考ができるのは○○△△氏くらいではないですか」。この言葉は今の日本の抱えている問題を鋭く突いているように思われる。

「何ができるか」「いかにやるか」と考えるか、「何をするか」「何をすべきか」と考えるかは、これらを横に並べておいて、どちらを取るかというような問題ではない。この二つの考え方には、創造性のレベルにおいて格段の違いがある。前者の考え方の根底にあるのは、現実に埋没し現実に流された没主体的な生き方である。一方、後者の考え方の根底にあるのは、自らの理念、構想に立脚した主体的な生き方である。後者の生き方こそが我々の目標とすべき生き方なのである。

≪悪循環の発生≫

以上から、現代の日本では、無反省に現状に乗っただけの生き方をしていると、知らず知らずのうちに創造性が低下していくことがよく分かるであろう。創造性が低下してきて言葉だけの理解を持つようになるとどういうひどいことになるかは、５・２、６・１節などで述べた。そこで述べたことは学生諸君達だけに当てはまることではない。創造性が低下してくると（自分ではそれと自覚できなくても）すべての人がこういう状態（まことに歯がゆい、しかし、言っても分からない、どうしようもない状態）

に陥るのである。このことは肝に銘じておかなければならない。

さらに、もう一つ、こういう状態になったときに恐いことは、第3章で述べたような悪循環が生じてくることである。知識やものに頼り、当面のこと、効率的なこと、目立つことに注目し、できることだけを素早くやるといった生き方をしていると、だんだん物事のうわべだけしか見なくなる。たとえば、企業の場合では、今の利益しか見なくなる。この底に働く「内なる働き」「内なる力」といったものを見なくなる。あるいは、見られなくなる。こういう評価法が定着してくると、今度は「当面のこと、効率的なこと、目立つことに注目し、できることだけを素早くやる」といった生き方がますます有利になり勢いを得てくる。こうして悪循環が生じこれが加速されてくる。

「はじめに」で、今の日本には哲学がないといわれると述べた。また、世界戦略の中で生きるという明確な視点と決意がないといわれるとも述べた。知識やものに頼り、できることだけを素早くやるといった生き方をしていては哲学はいらない。また、構想、戦略もいらない。今の日本に哲学や構想、戦略がないというのは、今の日本人が物事を根本から考えることをしないで安易に生きていることを示している。哲学もなく、構想、戦略もなしに生きていては、夢も希望も克服すべき基本的な課題も見えてこない。生きる気迫も出てこない。生活も深まってこない。こうしてますます哲学や構想がないがしろにされていく。

少し前に、茨城県の東海村で核燃料物質を安易に扱ったことによる信じられないような事故が起こった。ごく最近では、ある乳製品メーカーが十分な安全管理をしなかったために、やはり信じられないような中毒事件が起こった。こういう事故が起こるたびに、しばしばその原因として最近の厳しい競争社会が挙げられる。コストパフォーマンスを維持し、消費者の要望を満たすためには、どうしても無理をしてしまうといった趣旨である。

現実の厳しいことは分かる。しかし、こういう厳しさを乗り越えていくのが知恵というものであろう。安全管理と企業経営が矛盾するからといって、二者択一的に一方を切り捨てる（軽く扱う）というのは困難を避けた安易なやり方である。矛盾、困難に立ち向かい、何とか知恵を出して、これを切り開いていく。こういう苦闘を経験すれば、創造性、構想、戦略などの重要性が身に染みてよく分かる。こういうものの重要性は、現実の厳しさと真摯な生き方を背景にしてある。現実の厳しさに直面したときこそが創造性を得るチャンスなのである。現実の厳しさから逃げていては創造性の重要性が分からず、これが育ってこない。

5・3節で今の日本では子供の教育法がひどく小手先的であると述べた。同じことは大学や大学院における教育・研究に対する考え方についてもいえる。人的資源が唯一の頼りであり、科学技術立国を国是とする国としては信じられないことである。

教育の問題は景気や福祉などの問題とは次元が違う。人は国の根本であり、世界戦略の要である。この「人」を育てるのが教育である。教育の方法を誤ると、どれほど立派な政策を施しても、良い結果は得られない。逆に、優れた教育を行い、優れた人が育てば、特別な政策を取らなくても、すべてがうまくいく。物事（困難）を解決していくのは、基本的に、政策ではなくて、人なのである。教育が真剣に扱われないことも、日本にしっかりした構想、戦略、哲学がないことを示している。

≪歴史的な転換点≫

歴史的に見れば、すでに述べたように、日本は今「文明病」に悩まされている。これを克服できずに苦しんでいる。一つの岐路に立たされている。

日本は今、もう一つ、別の意味で歴史的な転換点を迎えている。日本はこれまで欧米文明を目標に、追いつけ・追い越せの精神でやってきた。これまでは欧米文明という「目に見える目標」があった。しかし、今や経済的には欧米と肩を並べるまでになり、これまでのような「目に見える目標」がなくなった。欧米と同じように、自ら目標を見つけ出し、自ら構想、戦略を作り出すということをしなければならなくなった。

いつかテレビの対談で、指揮者として世界的に活躍している小沢征爾氏が次のようなことを話されていた。

> 「日本の音楽家には、技術的な完成を目指して、それで世界のトップに並ぶと安心してしまう人が多い。しかし、世界の一流といわれるような人は、むしろ、そこから先のところで苦心している。つまり、何を表現するのか、何を表現したいのか、こういうことをはっきりさせるために最も苦心している。」

世界のトップに並ぶことに甘んじていてはいけないのである。これでは世界の流れについていっているだけのことで、世界の流れに対しては何も主導的な役割を果たしていない。世界のトップに並ぶことは、日本の中では評価されても、外国からは評価されない。世界史的に見れば、ここには評価すべきものがないからである。自らの構想と戦略を持ち、世界史的に見て真に新しい独自の流れを生み出すというのでなければならない。これは政治、経済、科学技術、文化活動など、すべての分野についていえることである。

自ら大局的・長期的な構想と戦略を持って生きれば、自国の抱える問題も世界の動きも外国の考え方もよく分かる。逆に、自らの構想、戦略を持たなければ、自国の問題も世界の動きも外国の真意もなかなか察知できない。問題、可能性、真意といったものは、本来、内在的にあるものだからである。目に見える動きだけを見ていたのでは、世界の動きを正しく理解することはできない。自ら構想、戦略を持ち、切磋琢磨を続けることによってはじめて、物事の本質も外国の真意も分かってくる。また、これによってはじめて確固とした構想、戦略を持つことができる。

7.2　あらゆる困難を解決する方法

≪現実の困難とジレンマ≫

前節で今の日本の現状と課題を述べた。我々はこういう課題を解決していかなければならない。それでなければ、明日の日本はない。では、どうすればよいであろうか。以下では、こういう課題を実際に解決していくに当たって、どういう難しさがあるのか、また、どういう可能性があるのか、を少し考えてみよう。

現実の問題(困難)を解決していくためには、高い創造性を持たなければならない。高い創造性を持つためには、現実の問題(困難)を解決し自在の理解(創造)を得ていかなければならない。ここには鶏と卵の関係がある。

現実社会の中の問題を解決していくときに、どういう難しさがあるのであろうか。これを科学研究を例にして少し見てみよう。科学研究で創造性の重要なことは6・1節で述べた。筆者の学生の頃にも「他人のやっていることはやるな、他人のやっていないことをやれ」などとよく言われたものである。しかし、最近では業績主義の傾向が強くなって、年にいくつ論文を書いたかというようなことが重要になってきた。こうなると「他人のやっていないことをやれ」などとは言っておれなくなる。「他人のやっていないこと」とは、よほどつまらないことでない限り、難しいことである。難しいから誰もやらないのである。こうして、勢い、短時間で成果の出る、かつ、できるだけ人目を引きそうな、最新流行のテーマをやるということになる。これが要領のよい利口なやり方である。

しかし、これでは「大きな困難は横に置いておいて、効率的なこと、できることだけをやる」といった安易な生き方になる。これではいけないと思い、一念発起して、「重要な、しかし、難しいテーマ」を選んで研究を始めたとしてみよう。こういうときはもともと難しいテーマであるから、当然、なかなか成果が出てこない。思わぬ困難も出てきて、右往左往する。しかも、自分では重要なテーマと思っても、他の人も同じように重要と思ってくれるとは限らない。第1章で述べた井深大のように「そんなことをして何になる」「そんなことができるわけがない」などと言われたりする。本当に重要かどうかは、成果が出るまでは、はっきりしない。概して本当に新しい領域とは、目立った成果が出るまでは、一見つまらない領域に見える。まだ誰も注目していないところだからである。つまらないところで大した成果も挙がっていないとなれば、無能の烙印を押されるのは必定である。こうして流行に乗って最先端のことを華々しくやっている他の人を横目に見ながら、不安と迷い、孤独と侮蔑に悩まされて生きなければならないということになる。

これから分かるように、現実生活において本当に新しい重要な領域に足を踏み入れるというようなことは、普通はなかなかできることではないのである。こういうことができるためには、それだけの力がいる。つまり新しい可能性の直覚とこれをもとにした目標、構想、戦略といったものがいる。こういうものを持たなければ、いろいろジレンマ的な状況に立たされ、結局は、困難を回避して、現状の流れに乗った生き方をすることになってしまう。

《困難を突破する知恵》

現実生活で大きな困難（ジレンマ的状況）に直面したとき、最後に頼りになるのは、「どんな困難も必ず解決できる」という信念であろう。6・3節で「どんな難問も徹底的に考えていけば必ず解決に至る」と述べた。徹底的に考え、高い創造性（広く深い自在の理解）を持つようになれば、現実の困難はどんな困難も必ず解決できる。この世界はそのようにできている。これを以下に説明しよう。こういうことを知れば現実世界に生きる上で大きな力になる。

現実社会の中の困難は、よく見ると、どれも現実社会の中に潜む矛盾から出てきている。現実社会の中には多くの矛盾がある。たとえば、利己と利他、当該と大局、当面と未来、自由と平等、自立と共生、独立と連帯、個性と融和、保守と変革、伝統と発展、安全と冒険といったような矛盾がある。さらに、必然と自由、有限と無限、既知と未知、現実と可能性といったような矛盾もある。これらの矛盾ではどちらの側面も大切であるが、これらは「あちらを立てれば、こちらが立たず」といった関係にある。このために、ここから数々の困難（対立、抗争）が生じてくる。

たとえば、前に例に挙げた「安全管理と企業経営の対立」といった困難は、利己と利他の矛盾から出てきている。経済成長と環境破壊というような問題も同じく利己と利他の矛盾から出てきている。あるいは、これらは当該と大局、当面と未来という矛盾から出てきているともいえる。

現実社会の困難がすべてこのような矛盾から出てきているとすれば、こういう矛盾を解決する知恵を持つことができれば、世の中の困難をすべて正しく解決していくことができる。ところで、こういう矛盾を解決する知恵は、高い創造性（広く深い自在の理解）を得れば必ず得られる。これは次にように考えれば分かる。

≪ 矛盾を超えた知恵 ≫

先に挙げたような矛盾は、一言でいえば、個別と連続、ないしは、部分と全体の矛盾である。2・2節で述べたように、この世の中のものはすべて全体的に無数に絡み合っていて、この絡み合いの中でそれぞれの位置（性質、意味、意義）を持っている。言い換えれば、この世の中のものは皆、個別的にあるように見えて、実は、他に無限に連続的に繋がっている（8・2節参照）。我々人間も、一人一人の個人として、個別的にありながら、同時に、社会の中に生きるものとして、他（外の世界）に無限に連続的に繋がっている。利己、当面、自立、……といった考え方は個別の主張から出てくる。一方、利他、大局、共生、……といった考え方は連続性（相互連関、相互依存）の主張から出てくる。先に挙げたような矛盾は皆世の中のものの在り方から出てきている。

ところで、この世の中のものが「個別的にありながら、同時に、他に無限に連続的に繋がる」というようにあることは、個別と連続（あるいは部分と全体）が「互いに矛盾したものとしてありながら、同時に、調和的に一体のものとしてもある」ことを示している。矛盾する二つの側面は、ただ矛盾し合うだけではない。これらは（深いところでは）調和的に一体のものとして存在している。したがって、世の中のものの在り方をありのままにとらえるならば、つまり、世の中のものの在り方について自在の理解を得るならば、矛盾する二つの側面を一体のものとしてとらえることができ、そのうえで（全体がうまくいくように）矛盾する二つの側面を調和的に考え合わせていくことができる。ここから矛盾を超えた知恵（正しい解決、創造、発展）が出てくる。

簡単な例を挙げてみよう。４・３節で「ピアノの演奏」の例を考えた。ピアノの演奏では、個々の演奏の技術を磨くことも大切である。また、曲の全体的な流れ、ないしは、曲の味わいといったものについてセンスを磨くことも大切である。かくて、これらを切り離して個別に考えれば、どちらが大切かということになる。しかし、ピアノの演奏について熟達（自在の理解）を得ると、個々の演奏と全体とを一体のものとしてとらえられるようになる。つまり、曲の流れ、曲の味わいといったものをとらえて、これが一層魅力的になるように、個々の演奏をするというようになる（４・３節）。これによって演奏がますます上手になっていく。この例から分かるように、切り離して考えていると互いに矛盾して見えることも一体のものとしてとらえることができ、また、このように一体のものとしてとらえると、ここから発展（知恵、創造）が生まれてくる。

４・３節では、このほかにもいくつかの例を挙げ、自在の理解を得ると「自らを内側から導く知恵」を得ると述べた。この知恵こそは、個別と連続（部分と全体）の矛盾を一体のものとしてとらえるところから生まれてくる知恵なのである。矛盾する二つの側面を一体のものとしてとらえれば、ここに鋭い緊張関係が生まれる。この緊張関係から創造が生まれてくる。釈迦は生と死の矛盾を越えて、これらを一体のものとしてとらえる境地に至った。これによって全く新しい人間の生きるべき道を見いだしたのである。

矛盾する二つの側面を一体のものとしてとらえるというようなことは、自在の理解（すべての事柄に同時に意識を働かせる力）を得てはじめて可能になる。自在の理解を得ると（無意識のうちに）こういうことができるので、どんな難問もうまく創造的に解決していける。しかし、言葉だけの理解（意識的な理解）では、どうしても、理解が個別的になってしまう（4・2節）。このために、どうしても矛盾する二つの側面を個々に切り離して対立的にとらえてしまう。これでは、二者択一とか、折衷といった表面的な解決策しか得られない。そして、いずれ破綻をきたすことになる。先に挙げた「核燃料物質の事故」や「乳製品メーカーの中毒事件」はこういう破綻の例といえるであろう。

この世の中には多くの矛盾・困難があるが、これらはすべて広く深い自在の理解（高い創造性）を得れば必ず創造的に解決していくことができる。この世の中はそのようにできている。これによって、この世の中が発展し、また、我々の創造性も向上していく。

このように考えれば、この世の中に多くの矛盾、困難があることは困ったことではなくて、むしろ、歓迎すべきことであることが分かる。世の中が発展し、我々が創造性を向上させられるのは、この世の中に多くの矛盾、困難があるからである。

創造性を持たないと、この世の中がどうにもならない、生きづらい世界となる。ところが、創造性を持つと、この世の中が知恵のふつふつと湧き出てくる発展的で面白い世界となる。創造性を持つか持たないかで世界観が全く違ってくる。

自在の理解を得ることによってこの世の中の困難をすべて正しく創造的に解決できることは、自在の理解を得ることの重要性をいかんなく示している。自在の理解ほど尊いものはないのである。

第8章 知識、創造性、真実

これまで創造性の向上法についていろいろな面から述べてきた。最後に、全体のまとめを兼ねて、知識や科学とはどういうものか、本当の世界（真実）とはどういうものか、この中で創造性はどういう役割を果たしているか、といったことを考えよう。

8・1 知識とは何か、科学とは何か

言葉（知識、科学）は我々にとって最も身近なものである。我々は言葉なしには生きていけない。それゆえ、正しい人生を歩むためには、何よりもまず、言葉（知識、科学）の特長と限界を見極めておく必要がある。

《知識の発生》

知識や科学がどういうものであるかは、これらが歴史的にどのように発生し発展してきたかを見ればよく分かる。知識は人間だけが持つものであり、それゆえ、これは人類の誕生とともに生まれてきたといえる。人類の誕生は、直立歩行、脳髄の発達、石器などの道具の使用、言葉の使用、死体埋葬の習慣などによって特長づけられるといわれる。石器などの道具の使用は、おそらく、人類の祖先である原始の猿が、生活の必要性から、経験的に始めたものであろう。ちょうどこの頃は、地球は氷河期と温暖期を繰り返しており、氷河期に入ったときに、原始の猿は餓えから逃れるため、必死になったものと思われる。これが石器（道具）の使用という飛躍を生んだと推定される。

もちろん、原始の猿は、石器の使用を始めたとき、「石」という「意識」を持っていなかった。石とは直接目に見えるもの（感覚像）ではないからである。直接目に見えるものは、土の中や川原にある様々な塊であって、これらは、色も、形も、大きさも違い、眺めているかぎりでは、決して同じものではない。こういう様々な塊を石器に使うという経験の中で、それらはみな同じように「重くて硬い」という共通の性質（働き）を持ち、同じように役に立つことを覚え、ここから「重くて硬い」という共通の性質を持つものとして「石」という「意識」を持つようなったと考えられる。

原始の猿は、その後、同じようにして、いろいろな共通の性質をとらえ、多くの意識を持つようになったのであろう。そして、言葉を持つようになった。共通・一般にあるものとは、直接目に見ることのできないもの、「これ」といって指し示すことのできないものである。それゆえ、これを言い表すには新しい符号（言葉）が必要になったに違いない。道具、個々の意識、言葉の発生と発達は、原始の猿（人々）の偉大な創造であった。知識はこの言葉の発達したものということができる。

以上から分かるように、意識、言葉、知識とは、自然の中のいろいろな事柄に共通・一般に存在する性質（ないしは、それを持つもの）を取り出してとらえてきたものである。このような知識の性格は、現代の日常の言葉を見てもよく分かる。たとえば、リンゴといっても、赤いもの、青いもの、大きいもの、小さいもの、丸いもの、ゆがんだものなどいろいろある。現実に存在するリンゴは千差万別であって、一つとして同じものはない。こういう様々なリンゴに「共通・一般に存在する性質」をとらえたものとして「リンゴ」という言葉がある。山、川、木、犬、人間などの言葉についても同じである（注）。

（注）4・1節では、自在の理解（創造）がいろいろな事柄の連続的な繋がりをとらえることによって生まれてくると述べた。これに対して、右では、新しい言葉（創造）がいろいろな事柄に共通・一般に存在する性質をとらえることによって生まれてくると述べている。これらは違ったことを言っているのではない。同じことを違う側面から言っているだけである。大きい視野から見れば、これらは同じことを言っている。

《科学の発生》

次に、科学について考えてみよう。科学的知識も右に述べた言葉と全く同じ性格を持っている。まず、科学とは客観的法則の認識であるといってよいであろう。このように見れば、科学は、「一たす一は二」

というような算数の公式の発見によって始まったといえる。

この公式は放牧した羊や牛を数える必要性から生まれたといわれている。羊や牛の一頭に一本の木の棒を対応させる。こうして「木の棒の束」によって羊や牛の数を知ることができる。面白いことに、ローマ数字のⅠ、Ⅱ、Ⅲ、……は棒を縦に並べた格好をしている。これは木の棒を絵にして、これで数としたことを窺わせる。この方式は、もちろん羊や牛だけでなく、木の実や石器などいろいろなものを数えるときに共通に使える。つまり、この方式は自然の中に共通に存在する数量的な関係をとらえたものになっている。そして、この方式から算数の公式が生まれてきた。

初等幾何学についても同じようなことがいえる。幾何学は古代ギリシャで大きく発達した。この地の人達は、地中海を舞台にした海上貿易によって、大きな富を築いていった。こういう生活から、おそらく、海岸と船の位置関係とか、太陽、月、星などの位置関係とかに注目するようになったであろう。太陽、月、星などの位置関係は、広い海を航行しているとき、船の位置や時間を知るのに重要だったに違いない。このように物事の位置関係（幾何学的関係）に注目するうちに、三角形、四角形などの共通の形があること、また、相似、比例などの共通の関係があることに気づいたものと思われる。

《近代科学の方法》

右に述べたような科学の性格は近代科学の成立によって一層はっきりしてくる。近代科学はルネッサンス後期のニュートン力学の形成によって確立したとされている。また、これにはガリレイの研究方法が重要な役割を果たしたといわれている。そこで、ガリレイの方法とはどういうものであったのかを、アインシュタイン・インフェルトの書「物理学はいかに創られたか」（岩波新書）をもとに少し見てみよう。

ガリレイは物体の運動をいろいろ研究しているが、その中に玉の転がり運動の研究がある。この時代には、物体の速度は力に比例するというアリストテレスの考え方が一般に受け入れられていた。これは荷車の運動などから直感的に推測されたものであろう。また、荷車の運動などを見ている限り、この考え方はほぼ正しい。荷車は力を加えると動きだし、これをやめると止まってしまう。つまり、速度は力に比例する。

しかし、玉の転がり運動は、この法則に従わない。力を加えるのをやめても、玉はいつまでも転がり続ける。ガリレイは、この点に注目し、荷車では力以外に摩擦が働いていることに気がついた。そして、摩擦の効果をできるだけ取り除いて、繰り返し実験を行い、さらに、この実験を理想化して「摩擦のない運動」を頭で考えて、これをもとに、力は速度ではなく加速度に比例するという力学の法則（共通の性質）、および、力が働かなければ物体はいつまでも等速運動を続けるという慣性の法則（共通の性質）を見つけ出した。

ガリレイの方法の革新的なところは「理想化された実験」、つまり「摩擦のない運動」というものを考えたところにあるといわれている。摩擦のない運動を考えてはじめて、力学の法則を見つけ出すことができた。現実世界には摩擦のない運動というものは存在しない。それゆえ、現実をありのままに見ていたのでは、力学の法則は明らかになってこない。しばしば、科学とは、自然をありのままに見て、ここから法則を見つけ出してくることといわれるが、これは正確ではない。

ガリレイの方法は、科学研究における理論と実験の重要性を示した点でも画期的であった。理想化された状況は現実にないものであるから、ここでの推論には直感的な言葉を使わず、明確に定義された「概念」を用いて、定量的に（数学的に）記述されなければならない。また、理想化された状況は仮定的な存在であるから、推論によって得られた結論は実験によって確かめられなければならない。実験による確証があってはじめて、その推論を正しいとすることができる。ガリレイの「理想化（抽象化、モデル化）→厳密な概念を用いた推論→実験による検証」という方法は、その後の科学研究の一般的な方法となったのである。この方法は現代科学においても受け継がれている。

≪注目、理想化、法則の発見≫

ガリレイの方法の重要さを見るために、もう少しいろいろな例を見てみよう。振り返ってみれば、「一たす一は二」という算数の公式が生まれてきたときにも、ガリレイと同じ方法が取られている。放牧した羊を数えるとき、大きい羊も小さい羊も、若いのも老いたのも、皆同じ一頭として数えられている。これは、いろいろ性質の違った羊を「同じ一頭の羊として見る」ということで、一つの理想化である。また、このように理想化することによってはじめて、「一たす一は二」という算数の公式が生まれてきた。いろいろ性質の違った羊を個々に区別していては、羊を数えることができない。

初等幾何学についても同じことがいえる。古代ギリシャの人達が海岸と船の位置関係や太陽、月、星などの位置関係に注目し、ここから三角形、四角形などの「共通の形」を取り出してきたのは、明らかに一つの理想化である。幾何学では、点とは位置のみがあって形や大きさがないものとか、線とは長さだけがあって幅がないものとかいわれるが、こういうものは現実には存在しない。しかし、このような理想化を行ってはじめて、厳密な幾何学の法則が生まれてきた。点や線に幅があっては幾何学の法則は証明できない。

これらの例から、科学とは、多様な自然の中のある一面に注目し、この一面を理想化し、これをもとに、ここに共通・一般に存在する性質を取り出すことによってはじめて生まれてくることがよく分かるであろう。ガリレイ以前の段階においては、この「注目する」「理想化する」「取り出す」ということが無意識的・経験的に行われていた。それで十分いろいろな知識（算数の公式、初等幾何学の公式など）が得られてきた。しかし、知識が発達してくると、こういうことを無意識的・経験的に行うことが難しくなってきた。かくて、ガリレイはこの方法を意識的に行った。これによって科学的知識を得る方法（科学研究の方法）が一つの方法として確立されることになった。

科学研究に「注目する」「理想化する」「取り出す」という操作が重要であることは、ガリレイ以後の科学の歴史を見てもよく分かる。たとえば、熱力学の諸法則は、理想気体の存在とか、種々の変化が可逆的（逆行可能的、準静的）に進むといった理想化を行ってはじめて導き出されてきた。分子、原子、電子といった考え方にも同じようなことがいえる。たとえば、メタン分子を作る水素原子と水分子を作る水素原子とは性質が全く異なっている。これらは到底同じ性質のものとはいえない。しかし、これらは「化学変化の過程で不変に保たれるもの」という面では同じもの（共通の性質を持つもの）となっている。つまり、分子、原子、電子などは、化学変化などの諸過程で「不変に保たれるもの」という側面に注目して、取り出されてきたものである。熱力学の諸法則も、分子、原子、電子といった考え方も、現実をありのままに見ているだけでは決して生まれてこなかった。

右に述べたことは、見方を変えれば、新しい法則を見つけようと思うならば、どこに注目しているのか、何を求めているのか、をはっきりさせなければならないということである。つまり目的をはっきりさせなければならない。ボーと見ていたのでは、何も見えてこない。これは、これまで強調してきたように、人生には「強く求める心」が大切であるということである。こういうものがあってはじめて何かが見えてくる。

≪科学の特長≫

以上で、科学の性格がはっきりしたであろう。この性格から科学の特長と限界がすべて出てくる。まず科学の特長を見てみよう。

科学は、様々に変化する自然現象の中に共通・一般に存在する（あるいは繰り返し現れてくる）性質や関係を取り出してとらえてきたものである。自然現象の中に共通・一般に存在する性質や関係とは、いつでも、どこでも、誰においても、必ず存在する性質や関係である。かくて、科学的法則は、不変性、普遍性、客観性、必然性という性質を持つ。科学的法則、たとえば万有引力の法則は、不変的、普遍的、客観的、必然的に成立する法則である。ここに科学法則の著しい特長がある。

自然現象の中で不変的、普遍的、客観的、必然的に存在する性質や法則とは、自然現象の中の要点であり核心である。これらは、日々に変化するはかない現象ではなくて、その中に潜む本質である。しかも、科学は「一面に注目し理想化して取り出す」という独特の方法によって、人間の感覚や経験の及ばない領域にまで踏み込み、自然の奥深くに存在する核心をとらえてくる。しばしば科学が我々の日常感覚とは異なるような結論を述べたりするのはこういう理由による。

さらに、科学は自然の中に共通・一般に存在する（ないしは繰り返し現れてくる）性質や関係をとらえたものであるから、これは何度でも繰り返して試してみることができる。つまり、実験によって実証することができ、また、定量的な取り扱い（数学的な取り扱い）ができる。科学で実験と数学が重要になるのはこの理由による。科学の力強さは、それが実験で証明できること、数学を使うことによって極めて正確・精密であることにある。これによって厳密で確定的な結論が導かれる。

科学が自然の客観的・必然的法則をとらえ、厳密で確定的であることは、これを利用して機械などを作れば誰でも目的を必ず達成できることを意味する。この原理によって、科学が発達すれば、それにつれて技術もどんどん発達する。このようにしてもたらされたものが現代の科学技術である。

科学の特長・意義に関連してもう一つ注意すべきことがある。科学は長い歴史の中で、人類の陥りやすい誤りや偏見を排することにも大いに貢献した。天動説を覆したのも科学であるし、種々の心霊現象から神秘を取り除いたのも科学であった。

今では「科学的」という言葉が正しさの代名詞のように使われている。たとえば、「これこれは科学的にやった、だから大丈夫だ」というような言い方がなされる。科学の力によって人間が月面に立つのを見れば、誰しも科学の力をまざまざと見せつけられ、科学の正しさを疑うわけにはいかなくなったのである。

≪科学の限界≫

それでは科学は万能であろうか。科学は万能ではない。科学には基本的なところで大きな限界が存在する。科学の限界を見るには次の事実を見るのが最も分かりやすいであろう。我々は魚、鳥、人間などを見て知識を得、これによって潜水艦、飛行機、コンピュータ、ロボットなどを作る。このように知識によっていろいろなものを作ることができるが、このときすべてが機械になる。自然そのもの（生体そのもの）は作れない。科学は、鳥、魚、人間などの真髄を取り逃がしている。鳥、魚などの真髄とは何か。それは、これらが生命を持つ、自主性、主体性、創造性を持つということである。機械にはこういうものが全く欠落している。ここに科学の限界が明瞭に現れている。

科学は「一面に注目し、理想化し、取り出す」という方法で生まれてくるが、これは科学が自然をありのままにはとらえていないことを意味する。科学は自然の要点（核心）をとらえてはいるが、自然の真髄（自然を内側から作り出しているもの、内なる働き）をとらえていない。科学は自然を外側からとらえている。科学は自然を近似的・模型的・モデル的にとらえている。科学は自然の中に存在する最も重要なもの（真髄、生命力、内なる知恵）を取り逃がしているのである。

科学は、不変的、普遍的、客観的、必然的という特長を持つが、これは科学が自然の中から「そういう部分だけ」を取り出してとらえてきたものだからである。科学的知識が確実なのは、科学が確実な部分だけを取り出してとらえてきたものだからである。科学の特長と限界は、ともに科学的認識の性格から出てきている。科学の特長だけを残して、限界を取り除くというようなことはできない。

8・2　創造的世界観と創造性の役割

以上述べたように、言葉（知識、科学）は大きな特徴を持つが、同時に、基本的な限界も持つ。正しく生きるためには、我々はこの限界を克服していかなければならない。

《活きた知識、活きた科学》

言葉（知識、科学）は自然の要点（核心）をとらえているが、自然の真髄（自然を内側から作り出しているもの、内なる働き）を取り逃がしている。このため、言葉（知識、科学）だけで世界像を作り上げると、誤った世界像になる。機械論的で模型的な世界像になってしまう。自然の真髄が抜け落ちているからである。

それでは自然の真髄を取り戻すためにはどうすればよいか。これには言葉（知識、科学）だけの理解を越えて、自在の理解を得ればよい。自在の理解を得れば、自然に一致した知識（自然の中で自在に働く知識）を得るからである（4・1節）。自在の理解を得ることによって、言葉（知識、科学）による認識では取り逃がされていた自然の真髄を取り戻すことができる。ここに自在の理解を得ることの重要な意義がある。

第2章で「我々は、はじめ言葉によって学び、次いで自在の理解を得ていく」と述べた。これは学習過程の話であるが、自然を認識する過程においても同じことがいえる。我々は、はじめ言葉（知識、科学）による認識を得て、次いでこれを自在の理解に変えていく。言葉（知識、科学）による認識は、我々の理解の幅を広めるところに意義がある。しかし、この段階ではまだ自然を正しく（ありのままに）とらえていないのである。自在の理解を得てはじめて、真実を得る（4・1節）。そして、活きた知識、活きた科学を得る。内なる知恵、創造性、生命力を得る。

《自然の在り方、現実世界の在り方》

知識や科学の特徴と限界をはっきりさせるために、ここで「自然がどのように在るか」を考えてみよう。これについてはすでに第4章で概要を述べたが、ここではもっと系統的・体系的に考えてみよう。これによって「自然には内なる働きが内在していて、創造が不断に生じてくる」という創造的世界観を明らかにすることができる。同時に、科学（知識）が自然を外側からとらえたものであることや、創造性を得ることがこの限界を取り除くことであることもはっきりする。

まず、「自然の中のものはすべて互いに連続的に繋がって存在している、あるいは、自然は全体的に連続的に繋がったものとしてある」ことに注意しよう（4・1節）。自在の理解を得たときには個々の知識が連続的に繋がったものとなっており、そして、このときに自然に一致した知識（自然の中で自在に働く知識）を得るのだからである。

自然の中でいろいろなものが連続的に繋がって存在することは、個々のものの在り方を具体的に見ることによっても示すことができる。これについては本書では詳しくは述べないが、二、三の例を挙げてみよう。

現代の科学では重力場、電磁場、量子場というように「場の考え方」が重要である。これは自然が連続的に繋がったものとしてあることを明瞭に示している。また、犬、猫などの動物の動きは、滑らかで、躍動的で、自由自在である。これに対して、ロボットの動きは、ぎこちなく、ぎくしゃくしている。この違いは、ちょうど自転車に上手に乗れる人が自転車に乗るときの自在の姿と、自転車に乗れない人が練習しているときのぎこちない姿との違いによく似ている（2・2節参照）。動物の自在の動きは、動物が連続的な繋がりを得て作られたものであることをはっきりと示している。鉄腕アトムのようなロボットは論理回路だけでは作ることができないのである。

自然が全体的に連続的に繋がったものとしてあることは、次のように考えても分かる。8・1節で述べたように、科学は「一面に注目し、理想化し、取り出す」という操作を経てはじめて生まれてくる。こういう操作が必要になるのは、自然が連続的に繋がったものとしてあるからである。そうでなければ、こういう操作は必要ないであろう。

ただし、自然の中には個別的な形があることもまた事実である。山、川、石、木、花、犬、人間など、皆、個別的な形を持っている。これはどのように考えればよいのであろうか。これは次のように考えればよい。この世界の中のものはすべて全体的に無数に（連続的に）絡み合っていて、この絡み合いの中でそれぞれの位置（性質、意味、意義）を持っている（2・2節）。これは一般化していえば次のようになる。

「この世界は全体的に無数に絡み合った一つのものとしてある。すべてのもの（個別的なもの）はこの無数の絡み合いによって作られたものとしてある。」

あるいは、さらに一般化していえば、

「この世界は全体的に連続的に繋がった一つのものとしてある。すべてのものはこの連続的な繋がりによって作られたものとしてある。」

これは次のように言い換えることもできる。

「この世界の中のものはすべて、個別的にありながら、他に連続的に繋がっている。また、他に連続的に繋がっていながら、個別的な形を持っている。」

自然はこのような矛盾した不思議な在り方を取っている。こういう矛盾したあり方は、とらえ方が間違っているから出てくるのではなくて、自然そのものの本性である。この世界（自然）がこういう矛盾したあり方を取ること（この世界の中にいろいろな矛盾が存在すること）はすでに7・2節で述べた。そして、こういう矛盾から創造が生まれてくると述べた。自然のこういう矛盾したあり方は自然に創造性が内在することの前提条件となっている（後述）。矛盾がなければ（つまり、すべてが整合的に存在すれば）創造（新しいもの）は生まれてこない。

第1章で、この世界は「内なる理法とその現れ」というように二重構造を持つと考えなければならないと述べた。右に述べた世界観はこの構造もよく表している。この世界の中の個々のものとは、ちょうど、春の日に浮かぶかげろう（陽炎）のようなものといえる。我々はかげろうだけを見て、これを作り出している空気を見ていない。空気は連続的で形がないため、見ようにも、見えないのである。しかし、かげろうはこういう空気によって作り出されている。同じように、この世界の中のものも（意識されない）連続的な繋がりによって作り出されている。我々は、作り出された個別的な形だけを見ている。これを作り出している連続的な繋がりは見ていない。連続的な繋がりは、形がないため、見ようにも、見えないのである。しかし、かげろうが空気の変化によって刻々と変化するように、この世界の中のもの（個別的な形）も連続的な繋がりの変化によって刻々と変化していく。

自然を言葉（知識、科学）によって知っていくことは、自然の中の個別的な形（作り出されたもの、結果）を個々に知っていくことである。一方、自在の理解を得ることは、こういう個別的なものを作り出している「無限の連続的な繋がり」（内なる世界、意識されない世界、真髄）を（身に付けて）知っていくことである。

（注）仏教哲学では、右に述べたような無限の絡み合いのことを縁起という。かくて、すべてのものは縁起によって作られているといわれる。また、仏教哲学では、右に述べたような世界の在り方を「色即是空、空即是色」とか「一即多、多即一」といった簡潔な言葉で表現する。右に述べた世界の在り方は仏教哲学の世界観と一致している。

《創造的世界観》

この世界がこれまで述べたような在り方を取るとすると、この世界に創造性が内在していると考えることができる。これは簡単には次のように説明される。いろいろなものが「全体的な連続的な繋がり」によって作られたものとなっていると、あるものが変化したり、他に作用したりして、「全体的な連続的な繋がり」が変わってきたとき、これに伴って（この全体的な繋がりで作られた）個々のものの本性（意味）も変化してくる。これは、ここに新しい意味が付け加わってくる、つまり、ここに新しい可能性が生まれてくるということである（４・２節）。

もっと系統的に考えてみよう。すでに述べたように、この世界の中の個々のものは「全体的な連続的な繋がりによって作られたもの」としてある。あるいは「個別的にありながら、他に連続的に繋がり、他に連続的に繋がりながら、個別的にある」というようにある。個別的なものは、個体（作られたもの）として自己保持の力と自由の心を持ち、同時に、相互の繋がりによって引き合っている。このために個別的なものの運動が生じ、これに伴って世界が全体的に変化してくる。こうして、この世界に新しい全体的な連続な繫がり、すなわち新しい可能性が生まれてくる。

ここで、この新しい繫がり（新しい可能性）がだんだん成長してきて、強い繫がりとなり、さらにこれが（あるとき不意に）「個別的な形を取る」という飛躍を起こすとしてみよう。この飛躍によって創造（新しい個別的な形を持つもの）が生まれてくる。第1章で、新しい考えは不意に気づかれてくると述べた。これは右のように考えるとよく分かる。新しい繫がりが不意に個別的な形を取ったときに、不意の自覚が起こるといえる。連続的な繫がりは意識されないものである。それゆえ、新しい繫がり（新しい可能性）も、それが個別的な形を取るまでは、意識されない。「個別的な形を取る」という飛躍が起こって、はじめて、意識されるものとなる。

この考え方は、先に述べた「ものの在り方」とも矛盾しない。新しく創造されたものは、新しい繫がり（新しく生まれてきた全体的な連続的な繫がり）が形を取ったものである。それゆえ、これもやはり「全体的な連続的な繫がりによって作られたもの」となっている。つまり、従来からあるものと同じ在り方を取っている。

かくて、この世界には不断に創造が生じてくることになる。右に述べたように、この世界が矛盾した不思議な在り方を取ることから創造が生まれてくるが、さらに創造が生まれたとき、再び矛盾した不思議な在り方が再現されてくるからである。第1章で、この世界は生滅の過程の連なりから成っていると述べた。この世界観がここに述べたことにはよく現れている。

この世界のものの「個別的にありながら、他に連続的に繋がり、他に連続的に繋がりながら、個別的にある」という在り方は、この世界の空間的ないしは要素的な在り方を示す。一方、「この世界には不断に創造が生まれてくる」という在り方は、この世界の時間的な在り方を示す。これら二つの在り方は表裏一体・不可分の関係にある(注1)。

(注1) この世界に内在する「連続的な繋がり」が「繋がりを強める」という働きを持つと考えれば、ここに述べた創造的世界観はすべて統一的に理解できる。個別的なものは強い繋がりの部分が形を取ったものであるので、これは自身を保持し自由に振舞うという性質を持つであろう。また、個別的なものの間の連続的な繋がりは個別的なものを引き寄せ全体調和的にまとめるように働くであろう。さらに、「新しい繋がり」は自身を強めるように働き、大きく成長していくであろうからである。

この世界の在り方については、もう一つ考えておくべきことがある。この世界には、無生物、生物(動物、植物)といったように、多様なもの(いろいろな性質をもったもの)が存在する。これはどのように理解すればよいであろうか。

この世界のものはすべて全体的な連続的な繋がりによって作られたものとしてある。しかし、この繋がりには「繋がり方」(繋がりの強さ、多面性など)において違いがある。右の注1に述べた考え方に立つならば、多重、多面的に強い繋がりを得たものほど、より強い「新しい可能性を生み出す働き」(より高い自主性、主体性、創造性)を持つと考えることができる。生命体は、石、水などの無生物に比べて、より多重、多面的に強い繋がりを身に付けた。このために高い自主性、主体性、創造性(すなわち生命力）を得た（注2）。第2章では「広く深く自在の理解を得るほど、高い創造性が出てくる」と述べた。これも同じ考え方で理解できる。

（注2）生命の起源の問題はこの考え方に沿って将来解決されていくものと考えられる。逆に、本書の考え方は、生命の起源の問題が科学的に解明されたとき、科学的にも証明されることになろう。

≪ 真実の生 ≫

右に述べた創造的世界観は、個々についてはまだいろいろ不十分なところがあろう。しかし、この世界が「内なる世界」とその現れという二重構造を持ち、矛盾的な在り方を取っていて、ここから不断に創造が生まれてくることはほぼ確かなことであろう。

この世界に不断に創造が生じてくるということは、この世界に不審、疑念、限界、問題、困難などが不断に生じてくるということである。また、興味、意欲、欲望なども不断に生じてくるということである。困難や欲望はこの世界から絶えることがない。困難、欲望が絶えれば創造も絶えてしまうからである。かくて、こういう困難に立ち向かい、不断に探求的・創造的に生きることが真実の生であるということができる。

この世界は本性において創造的である。それゆえ創造的な生き方が真実の生となるのである。また、こういう生こそが、この世界に内在する「内なる働き」「内なる知恵」によって生きる、これに一致して生きる、これを体現して生きることになっている。この面からも、こういう生き方が真実の生であることが分かる。

現実世界の中に踏み入り、苦難の渦巻く中で苦闘し知恵を絞り創造的に生きる。これこそが真実の生である。真実とは、何らかの「安定な状態」の中にあるのではなくて、創造的に変化していく「過程」そのものの内にある。

8・3　新しい可能性の歴史的生成

前節で述べた世界観を踏まえて、もう一度8・1節で述べた科学の歴史を振り返ってみよう。これによって「現実社会に創造性が内在する」ことに具体的なイメージを持つことができるであろう。また、どうすれば創造ができるかについても、いろいろヒントを得ることができる。

≪歴史における新しい課題の生成≫

科学は「多様な自然の一面に注目し、理想化し、共通の性質を取り出す」というようにして生まれてくる。では、それぞれの時代において、どうして、ある特定の一面が注目されることになるのであろうか。これは次のように考えられる。「一たす一は二」というような算数の公式が生まれてきたのは、その背後に牛や羊の数を数えたい（牛や羊を取り逃がしたくない）という人間の欲求があったからである。ギリシャ時代に幾何学が発達したのは、その当時、安全に航行したいという人間の欲求があったからである。つまり、人間の「よりよく生きたい」という欲求（求める心）が基本にあって、これをもとにそれぞれの時代においてある特定の面が注目されることになった。

このように考えると、知識や科学の発展の歴史をかなり系統的に理解することができる。結論をいえば、まず生活技術の発達があり、これによって歴史的に新しい課題（新しい可能性）が生まれてきた。そして、人々がここに注目するようになり、これによってこの方面の知識が発達した。

生活技術の発達を具体的に見てみよう。はじめに石器、鉄器などの道具が作られ、これによって農耕技術が発達し、富が蓄積してきた。富が蓄積すると、これによって商業が発達し、さらに、商業が発達してくると、今度は物資の製造・運搬が重要となって、機械技術が発達した。

知識の発展はこれを基盤にして起こっている。農耕が主流であった四大文明の頃は農耕に直接関係する自然の動きが注目され、これが擬人的に解釈されて神権的世界観が形成された。古代ギリシャ時代は商業活動が主要となり、ものが注目され、自然も意識や心を持たない「もの」からなるとみなされた。この立場から、物の本性が追求されて元素や原子の考えが出てきた。また航海の安全のために位置関係が注目され、幾何学の法則が発見された。これらをもとに幾何学的・構造論的世界観が形成された。さらに商業活動の発達によって、機械技術が発達してくると、物体の運動と力が注目されるようになった。こうして力学的運動の法則が発見され、力学的・機械論的世界観が形成された。

ルネッサンス期以後の科学、つまり十八世紀の蒸気機関の発明から現代の科学技術に至る過程を同じ考え方で見てみると、これは、機械技術の発達によって機械の動力（エネルギー）が注目されるようになり、これに伴って物質自身の持つ力、たとえば熱、電気・磁気、生命力といったものが注目されるようになった時代であるといえる。こうして、物質内部の構造に目が向けられ、それまで物質の本性として仮定されてきたものが、物質の内部の構造をもとに考察されるようになった。これにより経験的・巨視的な世界の内側に、目に見えない原子・分子・電子・原子核・素粒子等の世界が存在することが明らかにされた。これが量子力学の発見に繋がり、現代の科学技術に繋がった。

では、現代では何が注目されているのであろうか。微視的世界を支配できるようになり、科学技術が発達して、地球環境、生態系、高次機能系、情報伝達系といった複雑な全体調和系が注目されるようになったといえるであろうか。また、生命の起源、生物の進化、宇宙の進化、宇宙の起源といったような、生滅の世界、より根源的な世界が注目されるようになったといえるであろうか。

《歴史における新しい可能性の生成》

科学の歴史を別の観点から見てみよう。科学における創造の歴史とは、はじめ別々に切り離してとらえられていたものが、その後繋ぎ合わせてとらえられるようになった歴史であるといえる。

たとえば、ニュートン力学が成立する以前、つまり、中世半ば頃までは、古代ギリシャのアリストテレスの考え方にしたがって「地上の物体は地中に落ちようとする卑俗な性質を持ち、天上の物体（天体）

は円運動しようとする高貴な性質を持つ」というように考えられていた。あるいはこれと似た考え方が世界の統一的解釈として受け入れられていた。つまり、地上の物体と天体とが全く異なる性質を持つもの（別のもの）として切り離してとらえられていた。ところが、ニュートン力学が成立すると、地上の物体と天体とが同じ性質を持つものとしてとらえられることになった。ニュートン力学は、地上の物体にも、天体にも、同様に当てはまる法則なのである。

同じような例は科学の歴史では数多く見ることができる。十八世紀になると、熱が注目されるようになったが、この頃は熱と物質の力学的運動とは全く別のものとして分けて考えられていた。ところが、十九世紀になると、これらも本質的に同じものと考えられるようになった。また、石、水、鉄などの無機物質と尿酸などの有機物質とは、はじめは、別々のものとして分けて考えられていたが、十九世紀になると、これらは本質的に同じものと考えられるようになった。さらに、人間と動物もはじめは全く性質の違うものとして分けて考えられていたが、十九世紀になるとダーウィンの進化論が出てきて、これらは本質的に同じものと考えられるようになった。

今世紀に入ると、量子力学が成立して、ニュートン力学では切り離して考えられていた粒子の位置と速度とが切り離して考えてはいけないということになった。また、この粒子とあの粒子というように、個々の粒子を分けて考えるのもよくないということになった。さらに、アインシュタインの特殊相対性理論が出てきて、時間と空間、質量とエネルギーも相互に繋ぎ合わせてとらえるべきことが明らかにされた。

こういう歴史を見ると、人間とはもともと、はじめに物事を別々に切り離してとらえておいて、後でこれらを繋ぎ合わせてとらえていくものだというようにも見えてくる。しかしこの見方は正しくない。人間はいつも、できるだけ共通の性質をとらえようとしているのである。これは8・1節で述べたことから分かるであろう。

では、どうして、歴史的に見ると、「はじめに物事を個々に切り離してとらえておいて、……」ということになるのであろうか。それは歴史的に新しい可能性（新しい繋がり）が生成してくるからである。新しい繋がりが生成してくると、それまでのとらえ方ではこの繋がりがとらえられていなかったために、それまでのとらえ方がそこで切り離してとらえていたように見えてくる。はじめから切り離してとらえたのではなくて、新しい可能性（新しい繋がり）が生成してくるために、それまでのとらえ方に限界が出てくるのである。

≪社会的な試行錯誤≫

以上、科学の歴史を二つの面から見てきた。どちらも、人間の活動によって、歴史的に新しい可能性（ないしは新しい課題）が生まれてくることをはっきりと示している。人間の活動によって、世界が変わり、世界の全体的な相互関係が変わると、これによって個々のものの意味が変わってくる。つまり、新しい可能性（新しい繋がり）が生まれてくる。あるいは、従来の「ものの在り方」に限界が生まれてくる。この世界が全体的に連続的に繋がったものとしてあるとすれば、こういうことは必ず起こるのである。

右に述べたことは次のように考えることもできる。人間の様々な活動は、個々には特定の目的を持ってなされているが、大きな視野から見ると、これは一つの社会的な試行錯誤になっている。個々の目的でなされたことが、この世界が全体的に連続的に繋がっているために、あちこちに作用を及ぼしていく。こうして世界の全体が変わり、これによって物事の意味が少しずつ変わっていく。6・3節で考察した試行錯誤とは、広義に見れば、このように広く大きな意味を持っている。また、このように広義に試行錯誤を考えると、新しい可能性が歴史的に次々と生成してくることがよく理解できる。

《直観力、洞察力、先見性》

これまで述べたことから、いくつか重要な教訓が得られてくる。まず、新しい可能性は外見的な形（目に見える世界）の変化として現れてくるのではない。物の意味の変化として、目に見えないところに現れてくる。したがって、言葉だけの理解を持ち、物事の外見的な形だけを見ていたのでは、歴史的に生成してくる新しい可能性に気づくことができない。広く深く自在の理解を得て、物事の意味を正しく理解するようになって、はじめて、こういう新しい可能性の生成（意味の変化）に気づいてくることができる。

いつの時代にも新しい可能性が必ず生まれてきている。したがって、世界のあり方について広く深く自在の理解を得れば、鋭い直観力、洞察力、先見性を持つことができる。これによって大きな創造をすることができる。

実際に、歴史上の大きな創造はほとんどすべて、このようにしてなされてきたといえる。先に述べたニュートン力学の形成の例がそうである。この時代の人々、たとえば、ケプラー、ガリレイ、ニュートンなどは、歴史的に生成してきた新しい可能性を鋭くキャッチし、それまでの考え方に疑問を抱いた。これを追求していって大きな発見をした。第1章で述べた司馬遼太郎、松下幸之助、アインシュタインの発想と業績も、湯川秀樹の問題意識と中間子論も、同じように考えることができる。

≪事実と偏見≫

新しい可能性が歴史的に次々に生成してくるとすると、今の知識は日に日に限界を持つものになっていくことになる。これから今の知識にとらわれていてはいけないことが分かる。前に井深大の「常識にとらわれないことを旨とした」という言葉を引用したが、これは至言といえよう。

もう一度、アリストテレスとニュートンのとらえ方の違いを考えてみよう。アリストテレスのとらえ方は、今から見れば、いかにも幼稚に見える。しかし、こういう考え方が古代から中世にかけて長い間正しいと信じられてきたのである。どうしてであろうか。当時の人々の立場になって考えてみると、おそらく、次のようなことであったろう。

地上の物体は、雨も、石も、木の葉も、木の実も、犬も、人間も、皆、下に落ちる。ところが、天上の物体は、太陽も、月も、数々の星も、皆、天空を回っている。これらは厳然たる事実である。かくて、こういう事実をありのままに見て、「地上の物体は地中に落ちようとする性質を持ち、天上の物体は円運動しようとする性質を持つ」というようにとらえたと思われる。実際に、このとらえ方は、個々に見れば、どこにも誤りはない。確かに、地上の物体は皆下に落ち、天上の物体は皆天空を回っているのである。

では、どこがいけなかったのか。アリストテレスのとらえ方は、物事を狭い視野から一面的にとらえたものであった。アリストテレスは地上の物体と天上の物体とを性質の違うものとして分けて考えた。ここに問題があった。個々の認識に誤りがあったのではなく、物の見方が全体として不十分（一面的）であった。このために結果的に多くの可能性を見逃し誤りとなった。たとえばアリストテレスの考え方に従えば、我々は空を飛ぶことも天空を回ることもできないことになる。しかし、現在では飛行機や人工衛星が開発されて、我々はこういうことができるのである。

右に述べたようなことは一般的にいえる。我々はしばしば「これこれのことは正しい。なぜなら、これこれの事実があるから」といった言い方をする。しかし、右の例から分かるように、事実に基づいているというだけでは、必ずしも正しいとはいえないのである。同じ事実も、見方が表面的・一面的であれば、全体としては誤りになる。

物事を表面的・一面的に見ることを、偏見を持つという。偏見を持っていては、物事を個々に正しく見ていても、全体としては正しい結論を得ることができない。言葉だけの理解の人は、物事をありのままに正しく見ることができない（4・1節）。こういう人は必ず偏見を持つ。これでは正しい結論を得ることができない。

現在では、人間の認識が進み、アリストテレスやニュートンの時代に比べれば、我々の知識は格段に広く深く世界をとらえたものになっている。このため、ややもすれば「世界の基本的なことは大体分かってきた。世界とはこんなものだ」といった感じを持ちがちになる。しかし、現在の知識も、将来の知識に比べれば、狭い視野からみた表面的・一面的な知識である。それゆえ、現在の知識によって世界を見ることは、現在の見方で世界を見る、つまり、一つの偏見で世界を見ることになる。

《現実を越えていく力》

ニュートン以前の人々の立場に立ってニュートン力学のとらえ方を見れば分かるように、今は不可能と思われていることも、さらに広く深く考えていくと新しい可能性（新しい考え方）が生まれてきて、不可能が可能になる。おそらくニュートン以前の人々にとっては、人が天空を回るというようなことは到底考えられないことであったろう。しかし知識が集積され新しい可能性が生まれてくると、そういうことが可能になる。広く深く徹底的に考えていくことは現実を超えていく力を秘めている。

思えば、我々はいろいろなことを不可能と思って諦めている。しかし、それは今の知識だけで考えているからである。もっと広く深く考えていけば、こういう不可が可になる。この世界にはそういう力が秘められているのである。

おわりに

創造性（新しいものを生み出してくる性質）は、人間的な生の本性であり、宇宙の本性である。それゆえ限りなく奥が深い。しかも創造性そのものは意識されない内在的な能力である。このため言いたいことを直接に言うことができない。本書には、書き足りない部分、書き過ぎた部分、また分かりにくい部分が多いかも知れない。こういうことになるのは、もちろん筆者の力不足によるものであるが、一部には創造性の性質にもよっている。できる限り真意を汲み取ってほしいと思う。

知識偏重やもの偏重は、科学・技術の発達した社会には必然的に生じてくる問題である。科学技術はこれからますます発展すると思われるので、本書で提起した「知識と創造性の相克」は今後ますます重要になってくるであろう。これは人類がこれから長く取り組んでいかなければならない基本的な問題である。この意味では、本書の考え方は二十一世紀を切り開く新しい哲学になっているといえるかも知れない。どれほど科学技術が発達しても、人間の心はこれに負けてはいけないのである。

第3章で、本書の「創造性を向上させる方法」は、これまで無意識的・経験的に行われてきた知恵獲得の方法の意識的な定式化になっていると述べた。一方、8・1節では、ガリレイの科学研究の方法がそれまで無意識的・経験的に行われていた知識獲得の方法の意識的な定式化になっていると述べた。ガリレイの方法が科学研究に有効であったように、本書の方法もこれからの人類の創造性の向上に有効であってほしいと願っている。

二〇〇一年三月

著者

【引用文献】

井深　大『学術月報』日本学術振興会、四十六巻、七号、六〇六ページ（一九九三年）
湯川秀樹『旅人―ある物理学者の回想』（湯川秀樹自伝）角川文庫（昭和三十四年）
鈴木大拙著（北川桃雄訳）『禅と日本文化』岩波新書（一九七二年）

【参考文献】（右のもの以外）

湯川秀樹・梅棹忠夫『人間にとって科学とは何か』講談社（一九八九年）
アインシュタイン・インフェルト著（石原純訳）『物理学はいかに創られたか』上・下、岩波新書（昭和二十五年）
メイスン著（矢島祐利訳）『科学の歴史』上・下、岩波書店（昭和三十六年）
親鸞著（金子大栄校訂）『教行信証』岩波文庫（一九九〇年）
野間　宏『親鸞』岩波新書（一九七三年）

■著者略歴
中戸　義禮（なかと　よしひろ）
1965年3月　大阪大学基礎工学部卒業
1969年4月　大阪大学助手
1972年2月　工学博士（大阪大学）
1981年6月　大阪大学助教授
1990年7月　大阪大学教授（大学院基礎工学研究科化学系専攻）
1999年4月　大阪大学有機光工学研究センター長

現在の専門
物理化学（光電気化学、界面科学）
最近の研究テーマ
新型太陽電池、二酸化炭素の還元利用、化学的ナノテクノロジー、非線形化学（電気化学振動現象）

創造性を育てる学習法

2001年7月20日　初版第1刷発行

■著　者――中戸　義禮
■発行者――佐藤　正男
■発行所――株式会社 **大学教育出版**
〒700-0951　岡山市田中124-101
電話（086）244-1268　FAX（086）246-0294
■印刷所――互恵印刷（株）
■製本所――日宝綜合製本（株）
■装　丁――ティー・ボーンデザイン事務所

ISBN4-88730-438-2